사회복지 자원봉사자의 지속적
활동과 그 요인

사회복지 자원봉사자의 지속적 활동과 그 요인

김 숙 경 著

ksi 한국학술정보[주]

서 문

본서는 저자의 박사학위논문을 수록한 책으로서, 자원봉사활동을 체계적으로 연구하고자 하는 관심과 자원봉사활동을 전문적으로 실천하고자 하는 많은 사람들에게 특히 유용하게 활용될 수 있을 것이다.

그 이유는 첫째, 저자가 사회복지실천 현장에서 경험한 문제의식에서 비롯된다. 예컨대, 사회복지실천 현장에서 자원봉사자의 활용을 위한 홍보·모집·교육훈련·직무배치·관리감독 등의 일련의 과정들에서 수많은 자원봉사자들이 중도에 탈락하여, 그에 따른 행정비용·경제적 손실·기관종사자들의 사기저하 및 심리적 손실, 서비스 중단에 따른 서비스 질의 저하, 더 나아가 사회적으로도 자원봉사활동에 대한 부정적 인식과 편견이 조장될 수 있음에 따른 문제의식에 토대하여 이를 예방하고, 자원봉사활동의 지속을 위한 효율적·전문적 관리를 모색하고자 하는 데서 비롯되었기 때문이다.

다른 하나의 이유는, 1990년대 이후 자원봉사활동에 대한 사회적 관심이 고조되면서부터 우리나라의 자원봉사활동에 대한 상당한 연구들이 축적되기는 하였지만 자원봉사활동을 객관화된 시각에 입각하여 과학적으로 분석하는 연구들이 상대적으로 미약한 실정에서 비롯된다. 즉, 그동안 연구 성과들은 주로 자원봉사활동의 이념과 특성을 개괄적으로 소개하거나, 자원봉사자의 개발, 활용, 관리 등에의 실무지침을 정리하는 데에만 집중하였으며, 또한 자원봉사활동의 참여과정에만 한정되거나, 개인특성만을 중심으로 자원봉사활동의 지속 및 중도탈락에의 관련 요인들을 규명하는데 국한되어 자원봉사기관의 조직특성이 미치는 영향을 간과하고 있는 실정에서, 본서는 자원봉사활동에 대한 제반 관점들에 입각하여 지속 및 중단의 관련 요인들을 개인특성뿐만 아니라 조직특성의 맥락에서 살펴보고자 하였다.

사회복지실천현장에서의 자원봉사활동은 폭넓고 깊은 활동 분야이기 때문에 다양한 측면에서의 실천 활동에 대한 각론의 내용들은 본서의 한계에 의해 모두 담아낼 수 없었다. 따라서 본서에서의 부족한 부분은 추후 자원봉사활동 관련 연구 및 저서를 통해 충족이 될 수 있도록 보완하고자 한다.

본서의 출간을 많이 망설였는데, 저자가 오래전 사회복지실천 현장에서 자원봉사자들을 관리하였던 그간의 보람과 아쉬웠던 경험이 교차하면서 자원봉사활동가, 자원봉사 관리자, 자원봉사관리 기관 및 연구자들을 위해 도움이 되었으면 하는 간절한 마음에서 용기를 내어보았다.

아울러, 본서를 위해 아낌없는 격려와 사랑을 나누어 주신 분들께 감사드리며, 본서의 출판을 도와주신 한국학술정보사의 채종준 사장님과 직원 여러분들에게도 감사의 마음을 전한다.

2006년 2월.
저자 김숙경.

목 차

표 목차

그림 목차

Ⅰ. 서 론

1. 문제제기

우리나라는 사회복지 부문의 국가 재정지출이 미약한 실정에 있다. 이러한 현실에서 민간차원의 인적·물적 자원의 적극적인 활용은 미흡한 정부 재정 지원을 보완하고 사회복지기관 및 시설 운영의 활성화와 이용자의 복지수준 향상을 가져올 수 있는 점에서 매우 중요한 의미를 지닌다.

자원봉사자는 사회복지기관 및 시설에 있어서 운영의 중요한 인적 자원이라는 점에서 주목되는 대표적인 민간부문 자원의 하나이다. 자원봉사자는 사회복지시설에서 대인 서비스를 제공하여 주는 인력으로, 또한 행정 및 프로그램 운영의 지원인력으로, 사회복지시설 운영에 있어 중요한 인적 자원으로서 가치를 지닌다(Lammers, 1991; Smith, 1994; Cnaan & Goldberg-Glen, 1991). 또한 자원봉사자는 사회복지기관 및 시설의 지역사회 홍보 및 대변자르서의 역할을 담당하는 점에서, 이와 더불어 사회복지 발전에의 정치적 지지 자원이라는 측면에서도 중요한 의미가 있다(Orr, 1982, pp.2-3). 특히 자원봉사자들이 사회복지시설에서의 전문 사회복지사의 역할을 대체(代替)하기보다는 보완(補完)하는 것임에 의하면, 자원봉사자 활용에는 부정적 영향보다는 긍정적 영향이 더욱 크다. 즉, 자원봉사자는 사회복지사와의 보완적 역할 관계를 통해 수요자 중심의 서비스를 제공할 수 있으며 더 나아가 지역사회복지를 위한 자연스러운 주민참여를 조장하게 하여 사회복지시설들의 전문화를 더욱 지원하여 줄 수 있는 토대가 되기 때문에 자원봉사자의 활용은 사회복지시설 및 기관 운영의 활성화와 클라이언트에 대한 서비스의 질적 수준을 향상시킬 것이다.

이러한 점에 비추어 보면, 자원봉사자 활용의 극대화는 공공부문의 지원이 미흡한 우리나라의 사회복지 현실에서도 특별히 관심을 가져야 할 과제이다. 그러나 우리나라에서의 자원봉사활동은 아직 활성화되지 못하여 자원봉사 부문에 있어서도 후진성을 면하지 못하고 있는 실정이다. 일례로 행정자치부에 따르면 1999년 한 해 동안 우리나라 20세 이상 성인의 14%만이 자원봉사활동에 참여하여 선진국 수준인 50%는 불구하고 세계 평균인 28%의 절반밖에 되지 않아 우리나라에서 자원봉사자의 활용이 극히 미약한 실정임을 보여준다(대구사회복지신문, 2001. 1. 1). 특히 순수 복지분야의 자원봉사활동 참여율은 1% 정도에 불과하여 호주 35%, 캐나다 25%, 프랑스 25%에 비해서도 매우 미약한 것으로 나타났다(김철수, 1997, p.239).

이와 같은 우리나라의 자원봉사활동 실태에 비추어 보면 자원봉사활동을 적극 향상시킬 수 있는 정책적, 실천적 관리방안의 모색은 우리나라 자원봉사문화의 후진성뿐만 아니라 사회복지 부문의 후진성을 극복하기 위해 중요하다. 물론 자원봉사활동의 활성화와 관련하여 특별히 관심을 가져야 할 부분은 자원봉사자의 풀(pool)을 적극 개발하여 이들의 적극적인 자원봉사활동 참여를 유도하는 부분이겠지만, 이와 더불어 자원봉사활동에 참여한 자원봉사자들이 중도탈락하지 않고 자원봉사활동을 지속적으로 수행할 수 있도록 전문적으로 관리하는 부분 역시 자원봉사활동에 있어서 매우 중요한 과제이다(김동배 외, 1998; 조휘일, 1996).

그 동안 자원봉사활동 실태에 대한 조사 연구들에서는 자원봉사활동 참여의 미흡뿐만 아니라 자원봉사활동의 중도탈락 양상 역시 심각한 문제임이 끊임없이 제기되어 왔다. 자원봉사활동 중도탈락 양상의 심각성은 자원봉사활동 지속 기간의 차원에서도 확인할 수 있는데, 정무

제2장관실(1993) 조사에 따르면 자원봉사활동 기간이 1년 미만인 경우가 전체 조사대상 자원봉사자의 51.3%이고, 자원봉사활동 기간이 6개월 미만인 경우는 28.5%에 이르는 것으로 나타나 1년 이상 자원봉사활동을 지속하는 자원봉사자의 비율이 전체 자원봉사자의 1/2 정도에 불과한 실정이다. 또한 대구광역시 종합자원봉사센터(1996)의 조사에서도 자원봉사활동 기간이 1년 미만인 경우가 전체 조사대상 자원봉사자의 74.3%, 6개월 이하인 경우가 48.7%인 것으로 분석되어, 자원봉사활동의 지속이 매우 미약함을 알 수 있다.

자원봉사활동이 '자발성'과 '공익성'의 원칙에 따라 자원봉사자 스스로의 자기결정에 의하여 전개되는 특성이 있음에 비하면 단순히 "자원봉사활동 중도탈락"의 양상을 부정적인 것으로만 볼 수 없다.

그러나 자원봉사자의 자원봉사활동 초기 단계에서 높은 자원봉사활동 중도탈락의 양상은 사회복지현장에서 자원봉사자의 수가 절대적으로 필요로 하는 사회복지 현실에서 보면, 막대한 인력자원의 손실과 해당 사회복지기관 및 시설들에서 자원봉사자의 활용을 위한 홍보·모집, 교육훈련, 직무배치, 관리감독 등의 일련의 과정들에 시설의 재정, 인력 및 시간 등을 투여하는 데 많은 행정 비용의 발생을 초래하여 사회복지사의 이직과 마찬가지로 해당 기관 및 시설에서 투자한 자원들의 경제적 손실뿐만 아니라 기관에 종사하는 인력들의 사기 저하 등의 심리적 손실을 야기하며(Gidron, 1985, pp.1-16), 또한 자원봉사자의 중도탈락은 사회복지기관 및 시설에서 제공되는 서비스의 중단 및 서비스 질의 저하 등의 문제들과 더 나아가 사회적으로도 자원봉사활동에 대한 부정적 인식과 편견을 널리 전파하고 조장하는 계기가 될 수 있다는 점에서도 더욱더 중요한 문제이다.

자원봉사자의 자원봉사활동 중도탈락에 따른 사회적 손실의 규모는 자원봉사활동 지속에 의하여 자원봉사활동이 활성화될 때의 사회적 편익에 의하면 더욱 크다. 자원봉사활동의 활성화가 사회구성원의 주체

의식의 제고 및 인간성의 회복, 사회적 도덕성의 앙양 및 사회계층간, 사회적 유대감 및 연대의식의 제고, 사회통합성 증진 등의 성과들을 사회적으로 가져다 줄 수 있음에 비하면 높은 자원봉사활동 중도탈락의 양상은 이와 같은 사회적 편익으로서의 선진사회 구축의 긍정적 효과를 상실케 하는 면에서 사회 전체적으로도 많은 비용의 발생을 초래하게 된다.[1]

이상과 같은 부정적 영향은 우리나라에서 50%에 이르는 자원봉사자의 높은 중도탈락 양상은 사회복지적 차원에서 시급하게 해결되어야 할 과제이다. 그러나 자원봉사자의 자원봉사활동 중도탈락의 문제해결에 대한 사회복지시설 차원 및 국가의 정책적 차원에서의 관심이 저조하여 아직까지도 정부 부처에서의 정책적 관심은 자원봉사 인력 풀의 확대와 개발에만 집중되고 있을 뿐 자원봉사활동의 높은 중도탈락률의 문제는 정책적 사안으로 수용되지 못하고 있는 실정이며, 사회복지기관 및 시설에서도 자원봉사활동의 중단은 자원봉사자 개인의 자발적 결정에 따른 자연스러운 양상으로만 대체로 간주되고 있을 뿐이어서 이에 관련된 대처 방안의 모색에 적극적인 노력을 기울이지 않고 있는 실정이다.

이와 같은 측면은 자원봉사활동의 지속 및 중단을 개인적 차원의 결정으로만 수용하고 인식하는 풍토와 기존의 자원봉사자 관리방안의 부적합성 등의 문제를 가지고 있다. 즉, 자원봉사활동을 자발성에만 기초한 개인적 선택으로 인식하여, 자원봉사활동 중단에 미치는 자원봉사기관의 조직특성들이 자원봉사활동 중단에 미치는 영향을 간과한 단편적인 인식이 자원봉사활동 중도탈락 문제를 야기시키고 있다.

---

[1] 1992년 Commonwealth Fund Survey에 따르면, 미국의 55세 이상 노인들이 수행하고 있는 자원봉사활동의 시장가치는 무려 10억 2천만 달러에 이르는 것으로 산정되어 자원봉사활동 중단이 경제적 손실만도 상당할 수 있음을 시사한다(Coleman, 1995).

　한편 학술적 차원에서도 자원봉사활동 중단 양상에 대한 관련 연구 성과들은 매우 미흡한 실정이다. 물론 1990년대 이후 자원봉사활동에 대한 사회적 관심이 고조되면서 우리나라의 자원봉사활동에 관한 상당한 연구 성과들이 축적되기는 하였지만, 관련 연구의 대다수는 주로 자원봉사활동의 이념과 특성을 개괄하고 소개하는 데에만 집중되거나(김기선, 1984; 노미혜, 1986; 김영호 1989; 한국사회복지협의회, 1997), 또는 자원봉사자의 개발, 활용, 관리 등에 있어서의 실무지침을 정리하는 데에만 집중하여(강미경, 1992; 김영호, 1995; 김창기, 1996; 류기형 외, 1998; 서울시정개발연구원, 1995; 성영제, 1994; 이번송, 1996; 이성록, 1998; 이창호, 1996, 정병오, 1997; 남미애, 1997), 자원봉사활동을 객관화된 시각에 입각하여 과학적으로 분석하는 연구들은 상대적으로 매우 미약한 실정이다.

　1990년대 말 이후의 일부 연구들에서는 자원봉사활동을 하나의 사회현상으로 바라보면서 자원봉사활동의 맥락을 심층적으로 진단하여 보려는 노력들이 이루어졌는데(김철수, 1996, 1997; 김혜경, 1998; 이윤로, 1996; 장묘옥, 1992), 이 연구들은 일차적으로 자원봉사활동에 대한 그 동안의 규범적인 접근 방법을 넘어서서 실증 분석을 통해 자원봉사활동을 과학적으로 분석하고 있다는 점에서 진일보했다. 하지만 이 연구들에서의 주된 분석의 초점은 주로 자원봉사활동 참여 과정에만 한정되어 있을 뿐이라는 점에서 제한적인 한계가 있다.

　최근에는 자원봉사활동의 참여뿐만 아니라 자원봉사활동의 지속 및 중도탈락의 맥락까지도 구명하여 보고자 하는 연구들이 시도되는데, 이들은 자원봉사활동 실태와 문제점을 자원봉사활동 중도탈락의 측면에서 조명하고 있고 또한 이를 통해 자원봉사자의 개발 및 자원봉사자에 대한 체계적인 관리의 필요성을 제기하고 있다(모옥희, 1995; 이수영, 1990; 이윤경, 1998; 조휘일, 1991; 홍승혜, 1995). 이 연구들의 대다수는 자원봉사활동 중도탈락 및 지속의 양상이 어느 정도인지를 개괄적으로 기술하는 데에 그치거나, 또는 자원봉사자의 특성만을 중심으로 중도탈락 및 지속의 관련 요인들을 구명하는 데에 국한되어 자원봉사기관의 조직특성이 미치는 영향을 대체로 간과하고 있는 실정이다. 또한 분석에 있어서도 관련 변인들의 영향이 제대로 통제되지 못하거나, 분석대상이 자원봉사활동 지속자 또는 중도 탈락자만에 한정하여 관련 요인의 실제적 영향을 명백히 하지 못하고 있다.

우리나라의 경제위기에 따른 재정위기 등으로 인해 국가적 지원이 제한되어 이로 인해 민간부문에서 자원동원의 필요성이 매우 중요하게 대두되고 있는 사회복지 부문의 변화 추세에 의하면 자원봉사활동의 중도탈락률을 감소시키고 자원봉사자들의 지속적 활동을 향상시키는 것은 사회복지시설 및 기관 운영의 활성화에 중요한 관건이 되는 부분이다. 이를 위해서는 자원봉사자 활용의 극대화를 위해 현재 자원봉사자의 높은 중도탈락의 예방 및 지속을 위한 자원봉사활동의 지속 및 중도탈락에 관련 요인들이 미치는 영향을 체계적으로 밝혀내고 자원봉사활동 관리방안을 모색하는데 노력이 요청된다.

2. 연구의 의의 및 목적

자원봉사활동은 개인적으로 뿐만 아니라 사회적으로도 중요한 의의를 지닌다. 자원봉사활동의 활성화는 사회복지 차원에서도 시민사회의 성숙과 발전의 차원에서 주된 과제로 평가되며, 이와 같은 사회적 관심을 반영하여 자원봉사활동에 대한 관련 연구들이 확산되고 있다.

지금까지의 자원봉사활동에 대한 기존 연구들에서는 "자원봉사활동이 활성화되어야 한다"는 규범에 입각하여 자원봉사자의 활용방안에만 주로 연구관심이 집중되어, 자원봉사활동의 특성을 객관적으로 구명하고 이를 토대로 자원봉사활동의 양상을 과학적으로 이해하려는 노력은 상대적으로 극히 미진하였다. 일부 연구들에서는 자원봉사활동 참여의 관련 요인들에 대한 분석을 토대로 자원봉사활동을 보다 객관화된 입장에서 분석하려는 시도들이 이루어지기도 하였지만, 분석의 범위가 참여 과정에만 한정되어 있었다는 점 또한 특정 이론적 논의에만 토대하여 관련 요인의 설정이 제한적이었다는 점에서 자원봉사활동의 특성을 체계적으로 구명함에 있어서는 연구범의가 제한적이었다.

이러한 연구동향에 비추어 본다면, 자원봉사활동에 대한 제반 이론적 관점들에 입각하여 자원봉사활동의 지속 및 중단의 관련 요인들을 구명하여 보는 것은 기존의 자원봉사활동 참여의 측면을 벗어나 지속 및 중단의 측면에서 자원봉사활동의 지속 및 중도탈락의 양상을 자원봉사자의 개인특성뿐만 아니라 자원봉사기관의 조직특성이라는 맥락에서 논의되어야 할 것이다.

학술적으로 뿐만 아니라 실천적으로도 자원봉사활동은 자원봉사자의 "자발성"과의 관련성으로 인하여 자원봉사활동은 전적으로 자원봉사자의 개인적 차원의 활동으로만 인식되어 자원봉사활동이 기관 및 조직 차원에서 전개되는 활동이라는 점은 인식되지 못하였고, 이로 인하여 자원봉사활동의 지속성 문제는 사회복지 현장에서 주요한 이슈임에도 불구하고 문제 해결의 방법은 전적으로 자원봉사자의 책임으로 일임되어 왔다. 그러나 자원봉사자의 수요-공급의 관계 및 자원봉사활동이 이루어지는 제반 상황적 측면을 감안하면 자원봉사활동은 오히려 조직적 차원에서 전개되는 활동의 특성을 지니며 더불어 자원봉사활동의 지속성 제고 및 활성화를 위한 방법은 공급적 측면(자원봉사자)과 더불어 수요적 측면(사회복지기관 및 시설)에서 더욱 적극적으로 모색되어져야 할 것이다.

우리나라의 사회복지에 대한 공공자원이 지한되어 있는 상황에서 자원봉사활동의 활성화는 더욱 증대되고 있는 사회구성원들의 복지욕구의 충족과 이를 통한 삶의 질 향상을 위해 반드시 요청되는 과제이다. 그간 정부 및 사회복지관련 기관들에서는 자원봉사자원(volunteer capital)의 확충을 위해 많은 노력을 기울여왔으나 이와 같은 노력들은 대부분 자원봉사자의 개발에만 집중되었던 반면, 자원봉사자의 효과적인 관리를 통한 자원봉사활동 지속성에 대한 관심은 매우 미진하였다.

자원봉사활동의 지속은 자원봉사자원의 손실을 감소시킴으로써 자원봉사자원의 양적 확대에 기여할 뿐만 아니라 지속에 따른 자원봉사활동의 질을 향상시킨다는 점에서 자원봉사활동의 활성화에 있어서 핵심적인 부분이다.

기존 연구들에서는 아직까지도 자원봉사활동의 지속 및 중도탈락의 영향 요인들이 총체적인 맥락에서 구명되지 못하고 있음에 의하면 본 연구는 관련 요인들의 영향을 체계적으로 검증하여 봄으로써 자원봉사활동에 대한 보다 과학적인 이해를 도모하는 기반이 될 것이라는 점에서 이론과 실천에 크게 기여할 것이다.

본 연구는 자원봉사활동의 지속 및 중도탈락 양상에 자원봉사자의 개인적 특성 및 자원봉사기관의 조직적 특성 요인들이 미치는 영향을 분석·구명하여 그 결과를 토대로 자원봉사활동 지속성 제고와 중도탈락의 예방을 위한 자원봉사활동 관리방안을 모색하는데 목적이 있다.

3. 연구의 범위와 한계

본 연구에서의 자원봉사활동의 지속 및 중도탈락의 분석 범위는 사회복지시설 및 기관의 자원봉사활동으로 제한하였다. 따라서 사회복지시설 및 기관과는 무관한 개인적 혹은 집단적 차원의 자원봉사활동, 시민단체 및 관공서 등에서의 자원봉사활동은 본 연구의 분석 대상에서 제외하였다.

본 연구는 1999년 6월부터 2000년 5월까지 가정봉사원 양성교육훈
련 과정을 이수한 자원봉사자들을 자원봉사기관에 투입하여 조사시점
(2000년 12월)까지 자원봉사활동을 하고 있는 경우를 지속으로 보았으
며 그렇지 않은 경우를 중도탈락으로 조작적 정의를 하였다.

그리고 본 연구는 사회복지분야 중 재가노인복지사업 분야를 중심으
로 제한하고자 하였으며 자원봉사자의 특성상 성별 구성이 일반적으로
여성들에게 집중되어 있기에 분석 결과에서 도출되는 성별의 영향은
일반화할 수 없는 한계가 있다.

II. 이론적 배경

1. 선행 연구 동향

자원봉사활동에 대한 사회복지 차원의 정책적, 학술적 관심은 1980년대 이후 들어 서구 국가들에서 더욱 고조되고 있는데 이는 무엇보다도 복지국가 위기 이후 자원봉사활동이 공공복지 확충의 한계를 보완하여 줄 수 있는 대체물로 기대된데서 비롯된 것으로 보인다(Cnaan & Cascio, 1999, pp.17-33). 이와 같은 이유로 자원봉사활동을 보다 객관적으로 이해하려는 노력들이 고조되고 있으며 이를 반영하여 관련 연구들 역시 증대되고 있는 추세이다.

자원봉사활동의 초기 연구들에서는 자원봉사활동의 가치와 철학 혹은 사회적 유용성에 주목하여 "자원봉사활동의 사회적 활성화"라는 이념하에 관련 정책적, 실천적 방안의 모색에 주된 초점을 부여하였으며 이로 인해 초기 연구들에서 자원봉사활동은 사회현상으로 객관화하여 분석되지 못하였다.

지금까지의 자원봉사활동에 대한 분석적 연구들은 주로 일반적인 사회활동과는 상이한 자원봉사활동의 특성 곧, 무보수성과 자발성, 공익성에 관심을 갖고 "자원봉사활동 참여의 배경"을 이해하는 데에 집중되어 왔다(Wilson & Musick, 1997, pp.694-713). 즉, "어떤 이유로 사회구성원들이 대가없는 자원봉사활동에 자발적으로 참여하게 된 것인지," 다시 말하면 "어떤 요인의 작용으로 일부 사회구성원들은 자원봉사활동에 참여하고, 일부 사회구성원들은 참여하지 않는 것인지"가 학술적 차원에서 주된 쟁점이 되어 왔는데 이와 같은 참여 요인에 대한 분석은 자원봉사자 활용 기관에게도 자원봉사자의 적극적 활용의 유용한 지침이 되는 점에 있어서 이에 대한 분석적 차원의 관심이 고조되고 있다.

이 연구들에서 중요하게 지적되어 온 자원봉사활동 참여 결정의 영향 요인으로는 자원봉사활동의 동기 및 태도, 자원봉사자의 인구학적 특성, 자원봉사자들의 상황 및 맥락 등으로 구분된다(Smith, 1994; Cnaan & Cascio, 1999).

동기와 태도는 자원봉사활동이 자원봉사자의 이념 및 가치와의 관련성이 높다는 점에서 중요하게 제기된 영향 요인이다. 자원봉사활동은 노동시장에서의 일반적인 근로활동과는 달리 대가 없이 무보수로 이루어지는 점, 또한 가사노동과는 달리 자발적으로 수행되는 점에서 자원봉사활동 참여에는 일반적으로 자원봉사자의 동기와 태도가 매우 밀접하게 관련된 것으로 인식한다(Wilson & Musick, 1997; Hodgkinson & Weitzman, 1986; Perkins, 1989; Sundeen, 1992; Morrow-Howell & Mui, 1989; Adams, 1980; Gillespie & King, 1998; Latting, 1990; Clary & Snyder, 1990; Cnaan & Goldberg, 1991). 이 연구들에서는 자원봉사활동 참여에는 하나의 특정한 동기만이 관련되는 것이 아니라는 것을 밝히고 있으나 어떤 유형의 동기들이 중요하게 영향을 미치는지에 대해서는 여전히 논란이 되고 있는 실정이다.

자원봉사자의 인구학적 특성 역시 기존 연구들에서 자원봉사활동 참여의 영향 요인으로 꾸준하게 지적되고 있다. 인구학적 요인 중에서도 소득수준, 학력수준, 직업, 혼인상태, 연령, 성별, 인종 등의 사회적 배경 요인은 "사회 전체의 효용을 높여야 할 사회적 위상을 지닌 사회주도층(social dominant)의 특성을 나타내는 요인"이라는 점에서, 자원봉사활동 참여에 중요한 영향을 미치는 것으로 파악되었다(Hougland & Wood, 1980; Perkins, 1989; Smith, 1994; Zweigenhaft, et al., 1996; Gidron, 1984).

일부 연구들에서는 개인의 성격과 기질적 특성 등의 요인으로서 예를 들면, 내적 통제력과 자아 존중감, 감정이입, 도덕성, 정서적 안정성 등의 요인들 역시 자원봉사활동에 관련된 것으로 나타났다(Allen & Rushton, 1983, p.1). 또한 가구규모와 가구구성의 특성(자녀 유무), 고용형태(직업유무 및 풀타임 고용/파트타임 고용), 사회활동 경력과 양상 등의 사회활동 요인 역시 자원봉사활동의 시간 할당의 조건이 된다는 점에서 자원봉사활동 참여와 밀접한 관련성을 지닌 것으로 보았다(Gallagher, 1994; Hayghe, 1991; Day & Devlin, 1996; Kim & Hong, 1998).

한편 개인이 소속된 상위 사회체계의 상황과 맥락이 자원봉사활동 참여 결정에 주요하게 영향을 미치는 요인으로 분석되었다. 즉, 거주지역의 경제적 수준과 도시/농촌적 특성(Bell & Force, 1956; Curtis, et al., 1992; Sundeen, 1992), 전체 인구수와 빈곤가구의 규모(Kim & Hong, 1998; Unger, 1991) 등과 같은 지역사회의 특성 역시 자원봉사활동 참여에 영향을 미치는 것으로 제시하고 있다. 이와 더불어 지역사회뿐만 아니라 개인이 소속된 조직의 특성(예를 들면 고용되어 있는 기업의 이념과 문화, 직원간 유대감) 및 여타 주변인들과의 관계, 이들의 자원봉사활동에 대한 태도 등과 같은 상황적 요소 등도 개인의 자원봉사활동 참여에 중요하게 영향을 기치는 것으로 지적하고 있다(Hougland & Shepard, 1985, pp. 63-78; Smith, 1994).

이상과 같은 참여 요인에 관한 방대한 기존 연구들은 자원봉사활동 참여의 배경과 맥락, 그리고 더 나아가서는 자원봉사활동의 특성에 대한 객관적 인식과 다각도의 총체적 이해를 도모하게 한다는 점에서 긍정적인 성과로 평가된다. 그렇지만 참여 결정요인에 집중된 기존 연구들의 동향은 다음과 같은 한계를 지닌다.

분석의 범위가 자원봉사활동의 참여 시점에만 국한되어 참여 이후 연속되는 실행 과정상의 자원봉사활동 전개 양상에 대한 규명이 제대로 이루어지지 못하고 있는 한계가 지적된다. 자원봉사활동의 특성은 자원봉사활동 참여 양상에 대한 이해만으로 충분하게 규명될 수는 없다(Cnaan & Cascio, 1999). 물론 자원봉사활동 참여의 영향 요인에 대한 그간의 많은 분석결과들은 자원봉사활동의 특성을 다각도로 이해함에 도움을 주고 있고, 또한 자원봉사자의 관리방안 모색에도 유용한 실천적 함의를 제공하여 주는 것으로 평가되지만 자원봉사활동 참여는 자원봉사활동 전개 과정에 있어 일부분에 불과하여 이들 연구만을 토대로 자원봉사활동의 특성과 맥락을 이해하는 것은 극히 제한적인 한계를 지닌다.

자원봉사활동의 관리상 쟁점이 주로 자원봉사활동의 전개 양상에 있음에 의하면 "자원봉사자의 자원봉사활동에의 공익성을 어떻게 관리하여 제고할 것이며 자원봉사활동의 성취도는 어떻게 극대화시킬 수 있는 것인지, 자원봉사활동의 중도탈락 양상을 어떻게 해소하고 지속성을 향상시킬 수 있는지" 등에 주된 초점이 없어 자원봉사활동 참여 결정요인에 대한 기존 연구들의 성과는 실천적 함의와 관련하여서도 매우 제한적인 것으로 평가된다.

이러한 연구들의 한계를 반영하여, 최근 자원봉사활동에 대한 연구들은 주로 자원봉사활동 전개 과정에서의 자원봉사자 관리의 쟁점들을 분석하였다. Zweigenhaft 등 (1996), Cnaan 과 Cascio(1999), Lammers(1991) 등은 자원봉사활동 전개과정에서의 자원봉사활동의 성과와 공익성의 차이가 어떤 요인에서 기인되는 것인지에 대해 또한 자원봉사활동 전개과정에서 나타나는 자원봉사자의 소진(burn-out)의 양상과 원인 및 대책을 분석하여 효과적인 자원봉사자의 특성을 심층적으로 구명하였으며 Ficher 등(1991)은 자원봉사자 활용의 극대화와 관련하여 자원봉사자의 효과적인 배치에 대한 분석을, 그리고 Nassar-McMillan(1999), Dailey(1986), Gidron(1983), Stevens(1991) 등은 자원봉사자들의 직무유형 및 직무만족에 대한 분석을 통하여 효율적인 자원봉사자 관리방안의 실천적 함의를 모색하였다.

한편 자원봉사활동의 지속 및 중단 역시 자원봉사활동 전개 과정에서 중요하게 나타나는 양상이라는 점에서 특히 자원봉사기관에서 자원봉사자의 관리 차원에 관심이 집중되었다. 자원봉사활동의 중단은 자원봉사자의 모집, 교육훈련 등에 투여한 경제적 자원의 손실을 야기하여 자원봉사기관에 상당한 행정적 손실을 입힌다는 점에서 또한 자원봉사자에 대한 기관 직원들과 클라이언트의 신뢰감을 훼손한다는 측면에서도 매우 부정적이어서 자원봉사활동의 지속과 중단은 자원봉사자 활용 기관에서 중요한 자원봉사활동 관리상의 쟁점이 되었다(Lammers, 1991, pp.125-140).

자원봉사활동의 지속 및 중단 현상에 대한 일련의 연구들이 지금까지 수행되고 있지만(Pierucci & Noel, 1980; Lammers, 1991; Stevens, 1991; Cnaan & Cascio, 1999), 이들 연구들은 지속 및 중단의 관련 변인들을 자원봉사자의 개인적 특성 요인에만 국한하여 분석하고 있을 뿐 자원봉사기관의 조직적 특성 요인들의 영향을 그려하지 못하여 지속 및 중단의 원인을 제대로 구명하지 못하고 있는 실정이다(Cnnan & Cascio, 1999; Lammers, 1991). 또한 조사대상자의 구성이 10대 청소년 혹은 퇴직노령자 등의 일부 인구집단에 편중되어 연구 결과를 일반화하였기에 표집 구성이 제한적인 한계를 지니고 있다(Gidron, 1984; Stevens, 1991, pp.33-41). 분석방법에 있어서도 관련 요인들의 영향이 체계적으로 통제되지 못하여 각 변인들의 실제적 영향이 제대로 구명되지 못한 점이 주된 한계로 지적되었다(Pierucci & Noel, 1980, pp.245-250; Stevens, 1991).

기존의 연구들에서는 지속적인 자원봉사활동을 위한 대안적인 자원봉사자 관리방안에 대한 관심이 대체로 결여된 점 역시 실천적 함의와 관련된 한계로 지적되었다. 선행연구들의 한계에 비추어 본다면 자원봉사활동 중단 및 지속 양상을 관련 요인들의 총체적인 투입하에 실제적 영향을 체계적으로 분석하고, 이를 토대로 자원봉사활동 중단 해소와 지속성 제고를 위한 효율적인 자원봉사활동 관리방안을 모색하기 위한 후속적인 연구가 절실히 필요한 것으로 판단된다.

자원봉사활동에 대한 선행 연구들의 주요한 한계로는 자원봉사자와의 관련성에만 관심을 갖고 제한적인 접근을 하였다. 자원봉사활동은 자원봉사자를 활용하는 사회복지기관 및 시설에서 조직적 맥락에 의거하여 조직·관리되며 이와 같은 조직적 맥락하에 자원봉사활동은 자원봉사자에 의해 수행되는 것이 일반적이다. 자원봉사활동의 참여 및 전개 양상에는 자원봉사자가 지닌 개인특성 역시 영향을 미치지만 자원봉사활동이 수행되는 해당 기관의 조직특성 역시 중요하게 영향을 미친다(Dailey, 1986, pp.19-31; Dover, 1998).

자원봉사활동은 자원봉사자 개인적 차원의 활동으로서의 성격을 지닐 뿐만 아니라 자원봉사자가 조직 구성원의 일부로서 행하는 조직적 차원의 활동이므로 자원봉사활동의 분석과 관련하여 결코 간과되어서는 안 되는 매우 중요한 부분이다. 자원봉사자는 기관에 고용된 직원과는 활동 여건과 절차, 관리 등에서 상이한 특성을 지니지만(Gidron, 1984; Cnaan & Cascio, 1999), 자원봉사자 역시 기관 조직 내에 편재되어 있는 인력이라는 점에서 본다면 자원봉사활동을 단순히 개인적 차원의 단편적인 측면으로만 바라보는 것은 자원봉사활동의 특성을 제대로 반영하지 못한 접근이라는 것에 한계가 있다.

이러한 문제점에 의하며 자원봉사활동을 조직활등의 일환으로 인식하면서 자원봉사기관 조직특성의 영향을 분석하려는 최근의 연구들은 주목할 만하다. Dover(1998)는 자원봉사활동을 개인특성을 중심으로 일차원적으로 바라보는 것은 자원봉사활동의 속성을 제대로 규명할 수 없다고 지적하면서 일반화된 이론 구축을 위해서는 다차원적인 접근의 필요성을 강조하고 기관 내에서 자원봉사자들이 형성하고 있는 역할관계의 맥락에서 자원봉사활동을 이해할 것을 주장한다. 이와 같은 동일한 문제의식하에 자원봉사기관의 조직특성이 자원봉사활동의 수행 양상에 미치는 영향을 자원봉사기관에서의 자원봉사자관리 체계를 중심으로 분석하고 있는데, 연구 결과에서는 직무 만족도, 직무 자율성, 직무에 대한 피드백 등 자원봉사기관의 특성이 조직적 기여(organizational commitment)에 중요하게 영향을 미치는 것으로 분석되어, 자원봉사자의 개인특성 및 자원봉사기관 조직특성의 중요성이 새로운 인식의 초점으로서 제시하고 있다(Dailey, 1986, pp.19-31).

자원봉사활동 지속 및 중단의 영향 요인 분석에 있어서 자원봉사기관의 조직적 특성의 영향에 대하여 보호관찰 프로그램에 종사하는 자원봉사자들을 대상으로 자원봉사활동 지속성의 관련 요인들을 실증 분석한 결과에서(Pierucci & Noel, 1980, pp 245-250), 또한 이스라엘의 지역사회복지관에서 자원봉사자들을 대상으로 자원봉사활동의 지속 및 중단의 영향 요인을 분석한 Gidron(1984)의 연구에서도 개인특성 요인들은 유의미한 영향을 미치지 못한 반면, 기관특성 요인(오리엔테이션 만족도, 교육훈련, 직원들과의 업무관계, 직무부담, 직무성취, 여타 자원봉사자와의 관계)은 지속성에 영향을 미치는 것으로 나타나 자원봉사활동 지속의 중요한 판별 요인으로 밝히고 있다. 자원봉사활동 지속 및 중단의 영향 요인을 분석한 Stevens(1991), Cnaan 과 Cascio(1999)의 연구 역시 개인적 특성 요인보다는 기관에서의 자원봉사활동 관리와 관련된 요인 등이 오히려 중요한 영향을 미치는 것으로 나타나 자원봉사활동 지속성과 기관의 조직특성 간 밀접한 관련성을 보여 준다.

이와 같은 일련의 연구들은 자원봉사활동을 단순히 개인적 동기와 특성 그리고 상황에 의해 선택하여 수행되어지는 것으로 보는 일차원적인 접근의 한계를 제기하여 준다는 점에서, 또한 자원봉사활동에 대한 명확한 이해를 위해서는 자원봉사자의 측면 및 자원봉사기관의 측면에서도 통합적으로 접근되어야 할 것임을 제기하여 주어 중요한 의의를 지닌다. 그러나 아직까지도 이들 연구에서 자원봉사활동과 관련되어 중요하게 영향을 미치는 자원봉사기관의 특성과 관련된 변인들은 자원봉사자 직무관리의 측면에만 국한되어 있을 뿐 자원봉사기관의 물리적 환경 및 조직풍토, 조직 내 관계망 등과 같은 변인들은 간과되어 자원봉사기관의 조직특성이 자원봉사활동의 지속 및 중단에 미치는 영향은 제대로 해명되지 못하고 있다.

국내 연구동향을 살펴보면 1980년대 중반 이후 자원봉사활동에 대한 사회적, 정책적 관심의 고조를 배경으로 자원봉사활동에 대한 연구들이 양산되고 있는 추세이다. 기존 연구들이 보여준 연구 성과와 한계를 다음과 같이 정리할 수 있다.

첫째, 자원봉사활동의 실태를 조사하여 자원봉사활동 전개 양상의 특성과 문제점을 평가 분석하여 이의 개선방안을 제언하는 연구들이다(류경희, 1994; 김숙경, 1999; 모옥희, 1995; 조항입, 1995; 김혜숙, 1996; 대전사회복지협의회, 1995; 대구사회복지협의회, 1993; 한국여성개발원, 1995; 한국사회복지협의회, 1996; 서울시사회복지협의회, 1996). 이 연구들에서의 대부분은 기술통계 분석치를 중심으로 자원봉사활동의 문제점과 개선방안을 논하고 있다. 대체로 이 연구들은 국내 자원봉사활동 실태를 이해하는 데에 유용한 기초 자료를 제공하고 있는 점에서 긍정적이지만 개괄적인 실태조사에 불과하므로 구체적인 자원봉사활동의 양상과 쟁점에 대한 심층적 이해를 도모하기에는 극히 분석내용이 미흡한 실정이다. 그리고 연구 결과들에서 제시되는 개선방안에 대한 제언들도 매우 원론적인 차원의 활성화 방안에 지나지 않아 자원봉사기관에서 자원봉사자의 효율적 활용에 실제적으로 이용 가능한 방안이 되지 못하고 있다.

둘째, 자원봉사기관에서의 자원봉사관리 운영 실태조사를 통해 자원봉사자의 활용 및 관리상의 문제점을 분석하고 자원봉사활동 활성화 방안을 모색하는 연구들이다(정병오, 1997; 김동배 외, 1998; 류기형 외, 1998; 장희선, 1995; 김창기, 1996; 이윤로, 1996; 서울시정개발연구원, 1995). 자원봉사기관에서의 자원봉사자 활용 및 관리 또한 지속적인 자원봉사활동에 중요하게 관련되어 있음을 감안하면 이 연구들은 앞의 연구동향 즉, 자원봉사활동 실태 연구가 간과한 측면을 보완하고 있는 점에서 긍정적인 의의를 지닌다. 그러나 이들 연구에서의 분석 초점이 자원봉사기관 특히 자원봉사기관에서의 자원봉사자 관리 측면에 주어지긴 하였지만 단순한 개괄적인 실태만을 분석하였다.

셋째, 자원봉사활동 참여 결정 요인을 분석한 연구들은 자원봉사자의 자원봉사활동 참여가 어떤 요인에 의해 영향을 받는지를 실증 분석하고 있다(김철수, 1997; 김혜경, 1998; 김옥라·김현자, 1992; 이수영, 1990; 장묘옥, 1992). 이 연구들은 앞의 실태 조사 연구들과는 달리 자원봉사활동의 특성을 참여 결정 요인에 대한 분석을 통해 객관적으로 구명하고 이를 토대로 현실 적합한 자원봉사자의 개발 및 관리방안 모색의 실천적 함의를 제공하고 있는 점에서 진일보한 것으로 평가된다. 그러나 이 연구들은 앞서 고찰된 이와 유사한 외국 연구들과 마찬가지로 주로 자원봉사자의 개인적 특성 요인들의 영향에만 분석의 초점이 제한되어 자원봉사활동의 특성을 개인적 차원의 활동일 뿐만 아니라 사회복지 차원에서의 조직화된 활동으로 다루지 않았다.

마지막으로, 자원봉사활동 지속 및 중단의 실태 및 영향 요인을 분석한 연구들이다(홍승혜, 1995; 조휘일, 1995; 이윤경, 1998; 류경희, 1994; 모옥희, 1995). 이 연구들은 1990년대 이후 국내에서도 자원봉사활동 참여가 증대되고 있음에도 불구하고 그 이면에는 자원봉사활동의 중도탈락 문제가 심각하게 제기되고 있는 점에 관심을 갖고 이를 연구 주제로 설정하여 수행된 연구들이다. 일련의 자원봉사활동 실태 조사에서 높은 중도 탈락률의 문제가 주요 현안으로 지적되고 있음에 관련하여2) 이의 원인을 체계적으로 구명하고자 한 연구들이다. 이 연구들은

---

2) 한국사회복지협의회(1984)의 조사에 의하면, 6개월 이내에 자원봉사활동 참여자의 40% 이상이 중도탈락한 것으로, 한국여성개발원(1984)의 조사에서도 활동기간이 1개월에서 6개월 사이에 끝나는 사람들이 43.5%나 된다는 사실이 주목되고 있다. 또한, 현대사회연구소의 연구결과에서도 사회복지분야에서 자원봉사활동 참여자들의 중도탈락률은 6개월 이내 40%에 이르는

그간 자원봉사활동 참여 양상에만 주목하였던 기존 연구들의 분석 범위
를 지속 및 중도탈락의 양상으로까지 확장하여 자원봉사활동에 대한 폭
넓은 관점을 제시하였다. 그러나 국내의 자원봉사활동의 지속 및 중단에
관한 기존 연구들은 〈표 II.1〉과 같은 한계를 지닌 것으로 분석된다.

〈표 II.1〉 자원봉사활동 지속에 대한 선행연구의 분석

연구자	구 성 변 수	주요 분석방법
조휘일 (1990) / 이윤경 (1998)	성별, 연령, 학력, 종교, 직업, 자원봉사활동 형태, 자원봉사활동 경험, 참여동기, 봉사업무에의 인식(중요성, 필요성, 업무내용), 대상자/동료/ 담당관리자와의 관계, 담당 관리자 유형, 자원봉 사자 모임(빈도, 참여도, 만족도), 자원봉사자 교육(교육 내용, 기간, 방법에의 만족도) 자원봉사활동 보상(보상유형, 보상에의 만족도, 희망 보상유형)	T-test, ANOVA
모옥희 (1995)	성별, 연령, 학력, 직업, 혼인상태, 소득수준, 종교, 참여동기, 참여경로, 활동분야, 활동시간, 활동만족도, 참여태도, 담당 직원 유무, 업무결정 방식, 직무배치 방식, 업무량, 기관과의 의견대립, 교육 유무 및 도움도, 평가, 기관의 태도, 자원봉사 자들과의 관계, 자원봉사활동에의 보상	빈도분석 및 교차분석
홍승혜 (1995)	성별, 연령, 학력, 종교, 직업, 소득, 참여동기 대상자/ 동료/ 담당 관리자와의 관계 봉사업무 인식, 자원봉사자 모임, 자원봉사활동에의 보상 자원봉사자 교육(이수 여부, 도움 정도, 교육내용 만족도)	T-test, ANOVA 다중회귀분석
류경희 (1994)	성별, 연령, 학력, 직업, 종교, 혼인상태, 생활수준, 거주지역, 참여동기, 참여경로, 참여 만족도, 직무내용, 활동분야, 담당 직원 유무, 직무결정 방식, 직무배치, 기관 분위기, 갈등, 교육여부 및 도움도와 만족도, 평가여부 및 평가방식, 기관의 태도, 자원봉사자들과의 관계, 보상 정도	기술통계분석 T-test

것으로 조사되어, 자원봉사활동 중도탈락률이 매우 높은 실정임을 확인하여
준다. 한편, 정무장관 제2실(1993)의 연구에서도 사회복지분야의 자원봉사
활동 기간별 분포를 보면 1년 미만이 51.3%이고, 6개월 미만은 28.5%로 나
타났다. 대구광역시 종합자원봉사센터(1996)의 연구에서도 6개월 이내가
48.7%, 1년 미만은 74.3%나 되는 것으로 나타나, 자원봉사활동의 지속성이
매우 낮은 편임을 알 수 있다.

첫째, 분석모델에 투입되는 독립 변인들의 구성이 이론적으로 체계화되지 않았을 뿐만 아니라 관련 요인들의 선정 역시 제한적이어서(자원봉사자의 인구학적 특성 요인과 기관에서의 자원봉사활동 관리 요인), 자원봉사활동 지속 및 중단의 원인들이 제대로 정리되어 있지 않아 여타 관련 요인들(기관의 물리적 환경과 조직풍토, 조직 내 관계망 등)의 영향이 제대로 구명되지 못하고 있는 실정이다.

둘째, 지속 및 중단의 영향요인 분석에 활용된 분석 방법이 집단간 차이 검증 (T-test) 혹은 일원변량 분석(ANOVA) 등으로 주로 구성되어 관련 변수들의 영향이 통제되지 못하여 실제적 영향이 분석되지 못한 한계를 지닌다. 분석모델에 투입된 변수들의 실제적 영향에 대한 분석과 주요 영향요인의 판별을 위해서는 관련 요인들의 영향이 통제되어야 함에도 불구하고 이 연구들이 활용한 분석 방법에서는 이와 같은 부분이 통제되지 못하여 분석 방법상 한계를 지니고 있어, 자원봉사활동 지속 및 중단의 원인이 제대로 구명되지 못한 것으로 평가된다.

셋째, 조사대상자의 구성이 미흡하다는 점에서 연구 성과가 제한적인 것으로 평가된다. 기존 연구들에서의 자원봉사활동의 지속 및 중단 요인의 분석을 연구문제로 설정하고 있음에도 불구하고 일부 연구는 조사대상자들을 지속자에 한정하거나(이윤경, 1998; 홍승혜, 1995), 중단자로 한정하여(모옥희, 1995), 중단 및 지속의 양상을 설명하기에 적합한 조사대상자 구성이 이루어지지 못하고 있다.

넷째, 분석 결과에서의 실천적 함의의 도출이 미흡하다. 자원봉사활동의 지속 및 중단의 원인 분석이 이루어졌다면, 분석 결과를 토대로 자원봉사활동의 지속성제고를 위한 또는 자원봉사활동 중단 해소를 위한 실천 방안에 대한 제언이 분석결과의 함의로 제시되어야 함에도 불구하고 뚜렷한 대안이 제시되지 못하고 있다.

본 연구에서는 이상과 같이 자원봉사활동의 지속 및 중단은 자원봉사자의 개인적 특성이 영향을 미치는 개인적 차원의 행위이기도 하지만 또한 자원봉사기관의 조직적 특성에 의해 중요하게 영향을 받은 행위에 의해서도 발생된 현상으로 규정하고자 한다.

자원봉사활동 지속 및 중단의 개념은 선행연구들에서 상이하게 조작적으로 정의되어 이에 대한 명료한 개념 규정이 부재한 실정으로 다음의 〈표 II.2〉와 같다.

〈표 II.2〉 선행 연구들에서의 자원봉사활동 기간의 조작적 정의

연구자	조작적 정의	비 고
정병오(1997)	- 지속자 * 장기지속자: 6개월 이상 자원봉사활동 지속 * 단기지속자: 6개월 미만 자원봉사활동 지속 - 중단자: 현재 자원봉사활동 중단	
홍승혜(1995)	- 지속자: 1개월 이상 자원봉사활동 지속	
모옥희(1995)	- 중단자: 6개월 미만으로 자원봉사활동 중단	
류경희(1994)	- 지속자: 2년 이상의 자원봉사활동 지속 - 중단자: 6개월 미만으로 자원봉사활동 중단	
조휘일(1990)	- 지속자: 1개월 이상 자원봉사활동 지속	
Cnaan & Cascio (1999)	- 지속자: 6개월 이상 자원봉사활동 지속	참여시점 설정 조사대상 선정
Wilson & Musick (1998)	- 지속자: 1년 이상 자원봉사활동 지속 - 중단자: 현재 자원봉사활동을 중단한 경우	참여시점 설정 조사대상 선정
Zweigenhaft & Riddick(1996)	- 지속자: 1개월 이상 자원봉사활동 지속	
Nelson, et al., (1995)	- 지속자: 4개월 이상 자원봉사활동을 지속	
Jackson, et al., (1995)	- 지속자: 현재 자원봉사활동을 수행중인 경우 - 중단자: 현재 자원봉사활동을 중단한 경우	
Stevens(1991)	- 지속자: 1년 이상 자원봉사활동 지속	참여시점 설정 조사대상 선정
Lammers(1991)	- 지속자: 현재 자원봉사활동을 수행중인 경우 - 중단자: 현재 자원봉사활동을 중단한 경우	
Gidron(1985)	- 지속자: 6개월 이상 자원봉사활동 지속 - 중단자: 현재 자원봉사활동을 중단한 경우	참여시점 설정 조사대상 선정
Pieruci & Noel (1980)	- 지속자: 교육 이수후 6개월 이상 지속 - 중단자: 교육 이수후 6개월 미만에 중단	참여시점 설정 조사대상 선정

　자원봉사활동의 지속 및 중단이 상호 연관되어 있는 현상이기에 지속 및 중단의 양상은 개별적으로 분리하여 분석하는 것은 명확한 사회현상의 이해가 아닐 수 있는 문제를 지님에도 불구하고 일부 연구에서는 지속 양상만을(조휘일, 1990; 홍승혜, 1995; Stevens, 1991; Zeigenhaft & Riddick, 1996; Nelson, et al., 1995), 또한 일부에서는 중단 양상만을 분석하여(모옥희, 1995), 자원봉사활동의 지속 및 중단현상이 총체적으로 분석되지 못하고 있는 실정이다.

　이와 같이 상호 연관된 현상을 따로 분리하여 분석할 경우에는 자원봉사활동 지속에 긍정적인 요인이 반드시 자원봉사활동 중단에는 부정적으로 작용하지 않을 수 있는 오류 즉, 관련 요인의 영향이 일관되게 나타나지 못하여 문제가 될 수 있다. 또한 상당수의 선행 연구에서는 자원봉사활동 전개 시점이 통일되지 못하고 충분한 자원봉사활동 전개 기간을 설정하지 못하고 있어, 분석결과에 신뢰성 문제가 제기되고 있다(Jackinson, et al., 1995; Lammers, 1991; 조휘일, 1990; 모옥희, 1995). 따라서 본 연구에서는 자원봉사활동의 지속 및 중단을 상호 연관된 개념으로서 자원봉사활동의 양상을 총체적으로 분석하고자 한다.

2. 사회복지분야 자원봉사활동의 이론적 관점

　기존 연구들에서의 자원봉사활동 지속 결정에 대한 이론적 논의들을 크게 두 가지 이론적 관점 즉, 개인 특성론적 관점과 조직 특성론적 관점에서 구분할 수 있다.

　개인 특성론적 관점은 자원봉사활동의 지속과 중도탈락을 자원봉사자 개인이 지닌 특성을 중심으로 설명하는 관점이며, 조직 특성론적 관점은 자원봉사활동이 이루어지는 조직의 상황과 특성을 중심으로 설명하는 이론적 관점이다.

개인 특성론적 관점의 이론들은 자원봉사활동 중단의 주된 원인을 자원봉사자들의 개별특성에서 찾는다는 점에서 공통점을 지닌다. 이와 같은 관점에서는 자원봉사자의 학력, 직업, 소득, 종교 등의 객관적 특성 혹은 자원봉사활동의 동기와 태도 등 주관적 측면이 자원봉사활동의 지속 및 중단의 차이를 야기한 것으로 보는 관점으로서, 이타주의 이론(altruism theory), 사회주도층 역할 이론(dominant theory), 인적 자원 이론(human capital theory), 사회활동 이론(activity theory) 등의 하위이론들이 포함된다.

조직 특성론적 관점은 자원봉사활동의 지속 및 중단에는 자원봉사활동이 수행되고 있는 자원봉사기관의 조직적 특성 즉, 조직적 차원에서의 자원봉사활동에 대한 관리체계 및 조직과 개인의 상호 역동적 관계 등이 주요하게 영향을 미치는 것으로 본다. 이와 같은 관점에 입각한 관련 이론들은 조직풍토 이론, 조직이론, 조직관계망 이론이 있고, 이 이론들에서는 기관의 물질적 환경과 비물질적 환경, 물질적 및 비물질적 보상체계 등의 조직관리의 특성, 조직 내외의 공식적, 비공식적 관계망 등이 자원봉사활동의 지속과 중도탈락의 주요한 영향 요인들이다.

두 가지의 이론적 관점은 지속 및 중도탈락의 원인 및 문제해결 방안의 진단에 있어서 차이가 있으며, 이들 관점은 근본적으로 자원봉사활동에 대한 시각에 있어서도 질적 차이를 내포하고 있어 상반된다. 즉, 개인 특성론적 관점이 자원봉사활동을 개인적 차원의 활동으로 간주하고 이에 입각하여 개인적 특성과 태도를 토대로 자원봉사활동을 이해하려는 관점임에 비하여 조직 특성론적 관점에서는 자원봉사활동을 기관 차원에서 전개되는 조직활동으로 특징짓고 조직과 개인 간 역동적인 상호작용 과정에 관심을 갖고 자원봉사활동을 파악하고 있기 때문에 두 관점은 자원봉사활동의 인식이 근본적으로 상이한 것으로 평가된다.

이와 같은 두 가지 이론적 관점들의 하위이론들에 대해 구체적으로
살펴보면 다음과 같다.

1) 개인 특성론적 관점

⑴ 이타주의 이론적 접근

이타주의 이론에서는 자원봉사활동을 개인적 차원에서 이루어지는
일종의 자선행위로 본다. 자원봉사활동이 금품의 기부가 아닌 용역의
기부라는 점에서 내용상 차이가 있긴 하지만 사회적 동정심에 토대하여
대가를 바라지 않는 일방적인 이전행위라는 속성을 공유하고 있다는 점
에서 자원봉사활동은 자선행위와 유사한 것으로 간주된다. 즉, 이타주의
이론은 일종의 선행이라 할 수 있는 자원봉사활동의 결정은 자원봉사자
의 이타주의적 동기 및 태도 등과 밀접하게 관련된 것으로 본다.

이타주의 이론에 대한 검증은 주로 종교적인 신념과 자원봉사활동과
의 관계를 통해(김철수, 1996; 조소라, 1995; 이윤경, 1998; Clary &
Snyder, 1991; Dovidio, et al., 1991; Wood & Hougland, 1990;
Hodgkinson, 1990; Wuthnow, 1991), 또는 개인적 성품 및 태도 등과
자원봉사활동과의 관계를 통해 이루어지고 있다(김철수, 1997; 성희선,
1990; Smithson, et al., 1983; Bar-Tal, 1984; Gergen, 1984; Callero,
et al., 1987; Amato, 1990; Cnaan, et al., 1993).

경험적 연구들은 종교적 신념과 자원봉사활동 간에는 정적인 관계들
이 대체로 검증되고 있는데, 이와 같은 양상은 종교적 신념을 지닌 사
람일수록 사회적 동정심에 기초한 자선행위에 높은 가치를 부여하거나
이타주의의 실천이라는 종교적 규범을 준수하려는 노력이 높은데서 비
롯된 것으로 설명된다(Wuthnow, 1991; Wood & Hougland, 1990;

Serow, 1991).

  개인들이 지닌 타인지향적 태도, 사회적 의무감, 자원봉사활동에의 동기 등도 자원봉사활동과 정적인 관계를 지니고 있음을 밝힌 경험적 연구들(김혜경, 1998; Oda, 1991, pp.55-61; Fitch, 1987, pp.424-431)역시 이타주의 이론의 적합성을 시사하여 준다.

  기존 연구들에서 이타주의 이론에 대한 검증은 종교 유무와 자원봉사활동 수행과의 관계 또는 개인의 도덕적 태도 및 타인 지향적 동기 등과 자원봉사활동의 관계에 대한 경험적 분석을 통해 이루어졌다. 물론 종교가 있는 사람일수록 자원봉사활동에 적극적인 것으로 나타난 일부 연구 결과들은 이타주의 이론의 적합성을 지지하여 주지만, 일부 연구들에서는 종교의 영향이 부재한 것으로 검증되어(Reddy, 1980, pp.370-399; Cnaan, Kasternakis, Wineburg, 1993, pp.33-51), 아직까지도 이에 대해 명확한 결론이 도출되지 못하고 있다. 오히려 종교 유무가 이타주의 성향을 의미하는 것은 아니라는 측면에서 보면, 종교 유무의 긍정적 영향이 제대로 이타주의 이론의 적합성을 증명하는 것으로 간주할 수만은 없다. 일부 연구들에서는 신앙수준 즉, 종교행사 및 종교활동에의 참여도와 자원봉사활동 수행간 유의미한 관계가 존재하지 않는 것으로 밝혀(Glock, Ringer, Babbie, 1967; Nelson & Dynes, 1976; Benson & Colleagus, 1980; Amato, 1985), 이타주의 이론의 적합성을 회의케 하고 있다.

  이타주의적 태도 및 동기와 자원봉사활동 수행간의 관계에 대한 경험적 연구결과들 역시 상반되게 나타나, 이타주의 이론을 지지하여 주지 못하고 있다. 즉, 자원봉사활동 관련 태도 및 동기 변수들의 영향에 대한 분석결과들에서 오히려 보상과 관련된 태도나 동기들의 영향이 두드러진 것으로 나타나(Cnaan & Goldberg-Glen, 1991, pp.269-284), 이타주의 이론의 설명이 부적합할 수 있음을 반증하여 준다.

  국내 연구들에서도 이타주의 이론에 대한 평가는 엇갈리고 있다. 김

동배와 조학래(1997)의 연구에서는 이타심과 자아정체성, 도덕성이 자
원봉사활동 지속에 유의미한 영향을 미치는 것으로 분석된 반면, 김철
수(1997)의 연구에서는 오히려 이타주의적 동기와 태도보다는 자원봉
사활동에 대한 개인적 의미와 기대가 자원봉사활동 참여 및 참여 의향
에 유의미한 영향을 미치는 것으로 분석되고 있으며 엄미선(1985)과
이수영(1990)의 연구에서도 이기적 동기와 사회적 동기가 자원봉사활
동의 지속에 큰 영향을 미치는 것으로 분석되어 그 결과가 상반되고
있다.

⑵ 인적 자원론적 접근

자원봉사활동에 대한 이타주의 이론의 접근이 자원봉사활동에 내재
된 도덕적 규범과 가치를 토대로 한 설명이라면 인적 자원론에서의 자
원봉사활동에 대한 설명은 자원봉사활동의 경제적 가치에 주목한 접근
이라는 점에서 대비된다. 즉, 인적 자원론에서는 자원봉사활동은 인적
자원에 대한 투자행위의 일종으로 인식하며 자원봉사활동의 참여 및
지속은 이와 같은 경제적 선택에 의하여 결정된 것으로 본다.

인적 자원이론에 따르면 사람들은 보다 나은 미래의 기대수익을 위
해 인적 자원의 개발과 축적에 투자를 하고 있는 것으로 보고 있다.
교육과 훈련, 거주형태, 그리고 새로운 구직행위의 선택과 투자가 이와
같은 인적 자원 투자행위에 해당된다(Ehrenberg & Smith, 1988). 이
러한 행위들에는 일정한 경제적 비용 즉, 기회비용이 발생되지만 미래
의 훨씬 나은 보상과 기대수익이 전제되기에 투자행위로 선택된다는
것이다.

인적 자원론에서의 자원봉사활동의 참여 및 지속 역시 이상의 인적
자원 축적 및 투자 행위들과 동일한 속성을 지닌 활동으로 평가된다.

자원봉사활동은 취업과 관련된 경력과 기술을 쌓기 위한 일종의 인적 자원 투자 행위 또는 투자된 인적 자원이 소멸되지 않도록 하기 위한 일종의 경제활동으로 인식된다는 것이다. 물론 자원봉사활동이 직접적인 기술 및 경력 획득과 관련되지 않을 수도 있지만, 이 같은 경우에도 자원봉사활동은 사회적 관계망의 확대 및 대인관계 기술 등과 같은 사회적 인적 자원의 축적과 관련성을 지닌다는 점에서 자원봉사활동은 근본적으로 경제적 이해관계를 토대로 한 활동으로 주장한다.

일부 경험적 연구들에서의 분석 결과들은 이와 같은 인적 자원론의 설명이 타당할 수 있음을 보여주는데, 경력축적과 기술숙련이 요청되는 학생들이 자원봉사자로서의 참여가 적극적이라는 점, 그리고 고학력 및 직업 경력이 높은 주부일수록 자원봉사활동에 적극적이라는 점 등은 자원봉사활동이 새로운 인적 자원의 축적을 위한 또는 기존에 축적된 인적 자원의 마멸을 예방하기 위한 활동임을 시사한다.

자원봉사자의 직무배치가 자원봉사활동의 지속 및 중단에 주요하게 영향을 미친다는 일부의 경험적 분석결과 역시 자원봉사활동이 개인 차원의 경제적 이해관계가 주된 영향 요인임을 시사해 주고 있다.

한편 경험적 연구들(김철수, 1996; 김혜경, 1998; 김동배 외, 1998; Smith, 1983; Edward & White, 1980)에서도 자원봉사활동에 대한 인적 자원론의 적합성은 명료하게 검증되지 못하고 있다. 물론, 일부 분석결과들에서는 학력 등의 관련 변수들의 영향이 자원봉사활동의 참여와 지속에 긍정적임을 토대로 인적 자원론의 적합성이 제기되지만, 학력이 인적 자원만을 대리(proxy)하는 것만이 아니라는 점, 그리고 분석 모델들에서 수요 측면인 조직특성 변수들의 영향이 통제되지 못하였다는 점에서 본다면, 이와 같은 연구결과 조차 제대로 인적 자원이라는 개인 특성의 영향을 검증한 것으로 평가될 수 없다.

(3) 사회주도층 역할 이론적 접근

사회주도층 역할 이론은 자원봉사활동들이 주로 사회주도층에서 진행되고 있음에 관련하여 제기된 이론이다. 이 이론에 따르면 사회주도층들에게는 사회적 기득권을 누리는 것에 상응하여 사회적 책임과 역할이 부여되며 자원봉사활동 역시 이와 같은 맥락에서 사회주도층을 중심으로 수행된다는 것이다. 특히 사회주도층의 책임과 역할은 하나의 계층적인 문화로 형성되어 사회주도층과 자원봉사활동 간의 관계는 더욱 강화되고 있는 것으로 설명된다. 물론 여기에는 사회주도층들의 사회적 규범에 대한 솔선적 이행을 통해 사회적 모순을 완충시키고, 기득권 체제를 재생산하려는 정치적 이해관계가 근본적으로는 그 이면에 내재되어 있음을 의미하는 것이다.

경험적 연구들에서의 분석결과들은 사회주도층 이론의 적합성을 검증하여 준다(Smith, 1994; Clary & Snyder, 1991; Hayge, 1991; Hogdkinson & Weitzman, 1992; Pearce, 1993; Wilson & Musick, 1997). 즉, 재산 및 소득수준이 높을수록, 직업적 지위가 높을수록 자원봉사활동에 적극적이라는 분석 결과들은 자원봉사활동에 대한 사회주도층 이론의 적합성을 지지하여 주며 학력수준 및 혼인상태(양 배우자 유무 가구), 직업유무 자원봉사활동 간의 긍정적 관계 역시 주도적 집단(dominant group)의 영향으로 주장되고 있다(McPherson & Rotolo, 1996).

자원봉사활동에 대한 사회주도층 역할 이른은 앞의 이론적 접근들과 동일하게 자원봉사활동 참여 및 지속이 개인특성과 밀접하게 관련되어 있다는 점을 기본적으로 설정하고 있긴 하지만, 자원봉사활동의 결정을 순수하게 개인적 차원에서의 결정으로만 인식하는 앞의 이론들과는 달리 사회적 관계(계층간 관계 및 집단간 관계)와 사회적 맥락에 토대하여 사회 문화적 영향하에서 결정되는 것으로 본다.

⑷ 사회활동 이론적 접근

사회활동이론은 자원봉사활동이 주로 개인적 특성에 의하여 중요하게 결정되는 것으로 인식하고 있다. 사회활동이론에서의 자원봉사활동은 경제활동의 일환으로 인식되지 않고, 중요한 사회활동의 일환으로 인식된다는 점에서 인적 자원론과 차이가 있다. 인적 자원이론이 경제학에 토대를 둔 이론적 접근인 반면 사회활동이론은 사회학에 토대를 둔 이론적 접근이다.

사회활동이론에서는 인간은 사회적 활동에 의거한 사회적 상호작용을 통해 물질적인 기본욕구뿐만 아니라 비물질적인 기본욕구들(소속의 욕구, 사회적 인정의 욕구, 자아실현의 욕구 등)의 충족이 이루어진다는 점에서 필수적인 것으로 본다. 그리고 이와 같은 관점에 입각하여 자원봉사활동은 사회적 상호작용의 통로로 선택되는 사회적 활동의 일환으로 기본적인 사회적 상호작용이 제한되어 있거나 또는 부가적인 사회적 상호작용이 요청되는 경우에 활용된다(Ward, 1979; Becker, 1976).

사회활동이론에서는 자원봉사활동이 퇴직 노인 및 주부들에게서 두드러지게 나타나는 양상 특히 사회적 활동이 왕성하였던 경우에 더욱 높게 나타나는 이유는 무엇보다도 자원봉사활동을 통해 사회적 상호작용을 유지하고 이를 통해 사회적 욕구들을 충족시키고자 하는데서 비롯된 것이라 할 수 있다. 반대로 경제활동 및 사회활동이 왕성한 연령층에서 또는 해당 연령층에서도 경제활동 및 사회활동이 왕성할수록 자원봉사활동 참여가 낮다는 점은 사회활동론적 접근의 타당성을 지지하여 준다. 즉, 자원봉사활동에 대한 경험적 분석연구들에서 여가시간 및 연령의 긍정적 영향들은 이와 같은 사회활동이론의 설명 즉, 중년기 이후 사회적 상호작용 유지를 통한 삶의 만족도를 높이기 위한 차원에서 자원봉사활동이 선택되고 있음을 입증하여 준다(Herzog, et al., 1989; Schafer & Dunsing, 1981; Bryant, 1992).

자원봉사활동에서 사회활동 이론적 접근은 앞의 개인특성 이론들과 동일하게 자원봉사활동의 결정이 자원봉사자의 개인적 결정에 입각하여 이루어진다고 생각하지만 개인적 결정의 토대는 상이하게 인식된다는 점에서 주요한 차이를 지닌다. 즉, 기존 이론들에서는 도덕적인 가치(이타주의론), 경제적 이해(인적 자원이론, 시간할당 이론), 사회규범적 역할(사회주도층 이론) 등이 자원봉사활동 결정의 주요한 토대인 것으로 지적되는 반면, 사회활동 이론에서는 사회적 상호작용이라는 사회적 욕구가 자원봉사자의 결정에 주로 개입되는 것으로서 인식의 초점이 다르다.

2) 조직 특성론적 관점

(1) 조직풍토론적 접근

조직풍토 이론은 조직의 물질적 환경(조직의 규모, 역사, 구조 등)뿐만 아니라 비물질적인 문화적 풍토가 조직성원들의 제반 활동 등에 영향을 미친다고 보는 이론적 관점으로, 자원봉사자들의 자원봉사활동 지속과 중도탈락은 조직풍토와 밀접한 관련성을 지닌 것으로 설명한다. 즉, 조직풍토는 구성원의 태도와 행동에 영향을 미치는 조직의 기본적 속성이나 특성 등의 객관적 측면뿐만 아니라 이에 대한 구성원의 주관적인 인식 등을 포괄하는 개념으로 여타 조직들과 구별시켜 주는 상황적 요소들과 구성원 개인의 인지적 요소가 결합된 개념이다 (Litwin & Stringer, 1968; Pritchard & Karasick, 1987). 조직풍토는 조직 전체의 활동 및 조직 내 구성원들의 지각 및 행태에 주요하게 영향을 미친다는 점에서 관심을 지닌다. 조직풍토는 자원봉사자의 지속 및 중단에 중요한 영향을 미치는 요인이라 상정되는데, 조직풍토는 구성원의 직무태도 및 직무만족, 직무성과 등과 밀접하게 관련되기 때문이다(Lawer, Hall & Oldham, 1974).

기존 연구들에서 조직풍토 이론에 입각한 자원봉사활동 지속에 설명들은 주로 조직유형, 조직 규모(종사직원 수), 조직 분위기 등을 중심으로 이루어지고 있다. 지역사회에서 긍정적인 인지도가 높은 조직에서 또는 대규모 사업을 하는 조직들에서 사람들은 자원봉사활동에 참여하고 지속하기를 좋아한다. 이와 같은 유형의 조직들이 지역사회에 매우 높은 영향력을 지니기 때문이며, 또한 이 조직들에서는 그들의 분명한 목표와 변화에 대한 소개가 되어 있어 자원봉사자들에게 선택적인 매력을 제공하여 주고(Betz & Judkins, 1975, pp.228-240), 이러한 조직일수록 자원봉사자들 간 하위문화가 구조화되어 있기 때문에 자원봉사활동에 더 적극적으로 관여한다는 것이다(Hougland & Shepard, 1985, pp.63-78). 또한 조직유형이 자원봉사활동 행태에 주요하게 관련되어 있는데, 대부분의 사람들은 휴먼 서비스기관이나 병원 등의 전문화되고 체계화된 구조가 갖추어진 곳에서 자원봉사활동에 보다 적극적인 것으로 보고 되고 있다(Morris & Snyder, 1983, pp.183-190).

그러나 이와 같은 이론적 논의들에도 불구하고 조직풍토의 영향에 대한 경험적 검증은 아직까지도 심층적으로 이루어지지 못하고 있어 조직풍토 이론에서의 설명에 대한 경험적 검증은 남겨진 과제가 되고 있다.

(2) 조직이론적 접근

조직이론적 접근은 조직균형(organization equilibrium)의 개념을 중심으로 조직원들의 행태를 이해하려는 이론적 접근방법으로 교환이론과 유사하게 조직원의 기여와 조직에서의 보상(물질적, 비물질적)간

관계에 입각하여, 자원봉사활동의 지속과 중도탈락의 양상을 설명하려는 이론이다. 조직이론 즉, 조직균형 이론이 인간의 행동을 조직이라는 틀 속에서 구체적으로 이해하기 위해 제기된 이론적 시도이긴 하지만 자원봉사활동의 지속 및 중도탈락은 동일하게 설명될 수 있다.

조직이론에서의 조직균형이란 조직이 성원들에게 줄 수 있는 보상과 성원들이 조직에 대해 기여하는 것과의 균형을 말하는 것으로 조직이 유지되기 위해서 과연 조직이 성원들을 지속 남아 있도록 동기부여를 어느 정도 할 수 있느냐가 중요한 관건이 된다. 조직성원들은 조직이 주는 보상이 자신이 기여하는 것과 똑 같거나 더 많은 한 그 조직에 남아 있게 되는 것이다.

따라서 조직의 입장에서 볼 때 각 조직들은 개인에게 다양한 유인책을 제공하고 그 유인책은 각각의 효용을 지니게 된다. 반대로 조직성원의 입장에서는 일반적으로 일 또는 업무 수행을 통해 조직에 기여하게 된다. 이때 조직과 조직성원은 유인과 기여간 균형상태를 유지하기 위해 노력하게 되는 것이다. 조직이 안정적으로 유지되기 위해서는 이들 양자간 균형이 유지되어야 하며 기여보다 유인이 많을 경우에는 조직성원이 조직을 떠나게 될 가능성은 줄어들지만, 반대의 경우가 되면 조직성원은 조직을 떠나게 된다는 것이다. 물론 유인과 기여 간의 균형상태가 직접 중단과 지속으로 연결되는 것은 아니고, 여기에는 중단과 지속의 개별적 욕구와 조직외적 상황을 어떻게 인지하느냐 등의 주관적 판단이 주요하게 개입되게 된다(March & Simon, 1958).

조직이론을 자원봉사활동 지속 결정에 적용하여 살펴보면 자원봉사자의 관리를 통한 보상, 즉 인적 자원 획득의 욕구, 직무만족의 욕구, 그리고 물질적, 상징적 보상들을 어떻게 조직에서 처리하여 주느냐에 따라 자원봉사활동의 지속 및 중단이 결정될 수 있는 것으로 구체화된다.

자원봉사자에 대한 관련 교육훈련 관리 수준은 인적 자원 축적 및 직무만족 향상의 기반으로 기관이 자원봉사자에게 베푸는 무형의 보

상이라 할 수 있다. 교육훈련 수준은 자원봉사활동 지속의 유인책이
기에 교육훈련 관리가 적합할수록, 그리고 이에 대한 만족도가 높을수
록 자원봉사활동 지속성은 제고될 것으로 가정된다(Brudney, 1992,
pp.271-281; Stubblefield & Miles, 1986, pp.4-12). 실제 경험적 연구들
에서 자원봉사자에 대한 교육훈련 수준은 자원봉사활동 지속에 긍정적
인 것으로 제시되고 있어 자원봉사자에 대한 교육훈련 관리의 중요성
을 제기하여 준다(류경희, 1994; 홍승혜, 1995; Paradis & Usui, 1987,
pp.3-30; Lammers, 1991, pp.125-140). 역으로 지난 20여 년간 자원봉
사자에게 서비스를 의존하여 오던 사회복지기관에서는 자원봉사활동
관리자 양성에 박차를 가해왔음에도 불구하고 교육훈련 관리 수준은
기초적인 소양교육에만 머물러 체계적인 전문 교육이 이루어지지 못하
고 있다는 점이 주요한 문제점들로 지적되고 있다(김창기, 1996; 장희
선, 1995; 이윤로, 1996; 황미영, 1993; Cnaan & Cascio, 1999; Ellis
& Noyes, 1990; Brudney, 1992).

자원봉사자의 직무관리 수준에서 직무관리란 직무배치 및 직무만족,
직무 슈퍼비젼 등에 이르는 일련의 과정을 의미한다. 본인의 의사나
적성에 맞는 직무배치, 적합한 직무부담, 원활한 직무수행을 위한 슈퍼
비젼, 그리고 이를 통한 직무만족 등은 관련 인적 자원의 획득뿐만 아
니라 업무 성취 등 다양한 형태의 보상과 밀접하게 연관되어 있어, 조
직에서의 자원봉사자에 대한 직무관리는 자원봉사활동의 지속 및 중도
탈락의 주요한 영향 요인으로 제기된다.

실제 경험적 연구들에서도 이와 같은 이론적 가정들의 타당성들이
검증되어 왔는데 직무와 관련된 측면들은 자원봉사활동의 중도탈락 및
지속에 유의미한 영향을 미치는 것으로 검증되어 직무관리의 중요성을
제기하여 준다(Hodkinson & Weitzman, 1986; Hodkinson, et al.,
1992; Ilsley & Niemi, 1981; Milofaky, 1988; Watts & Edwards,
1983; Morris & Snyder, 1983).

자원봉사자에 대한 보상에 있어 직무관리의 측면 역시 자원봉사활동 지속 및 중단에 중요하게 영향을 미치는 요인으로 지적되는데 이와 같은 이론적 가정들은 많은 경험적 연구들에서도 타당한 것으로 검증된다. 서구의 경험적 연구들에 따르면 직접적인 물질적 보상뿐만 아니라 사회적 차원에서의 상징적 보상은 자원봉사활동의 참여 및 지속에 정적인 영향을 미치는 것으로 제기된다(Pearce, 1983; Cnaan & Cascio, 1999; Brudney, 1992; Schafer, 1979; Klandermans, 1984; condre, et al., 1976; Sundeen, 1992, pp.271-291).

국내 경험적 연구들에서도 개별화된 의미 있는 보상, 특히 사회적 차원의 상징적 보상은 자원봉사자들의 자원봉사활동 지속에 유의미한 영향을 미치는 것으로 분석된다(조휘일, 1996; 시정개발연구원, 1995; 김명성, 1993; 장희선, 1995).

이상에서 살펴 본 경험적 연구 결과들에 의하면 자원봉사활동의 지속 및 중단에 대한 조직이론적 관점은 유용한 이론으로 판단된다. 그러나 대부분의 연구들에서 조직관리 측면의 영향은 주로 주관적 태도만으로 검증되었다는 점에서 조직관리의 실제적 영향을 제대로 밝히지 못한 것으로 평가되며 이는 곧 조직이론의 접근에 대한 적합성은 보다 심층적으로 검증되어야 할 것임을 과제로 남겨두고 있다.

(3) 조직 관계망 이론적 접근

조직 관계망 이론은 조직 내외의 공식적, 비공식적 관계망의 측면에서 조직성원들의 제반 활동을 설명하는 이론적 접근으로 자원봉사자들의 자원봉사활동 지속과 중도탈락 양상은 동일하게 설명될 수 있다. 조직 내에서의 조직성원의 관계망은 인간의 행동을 조직이라는 틀 속에서 구체적으로 이해하려고 하는 시도라 할 수 있다.

  조직성원의 관계망과 자원봉사활동 간 관계를 구체화하여 보면 자원
봉사자와 직원, 동료 자원봉사자, 그리고 이용 대상자와의 관계를 중심
으로 자원봉사활동의 지속 및 중단 양상이 설명될 수 있다. 이와 같은
조직 관계망 이론의 접근에 의하면, 자원봉사활동 지속에는 조직과 자
원봉사자들 간에의 관계가 중요하게 영향을 미치는 것으로 가정된다
(Prorter & Steers, 1973, pp.151-176). 이와 같은 조직 관계망은 특히
자원봉사자에 대한 보상 유인의 일환일 수 있음에 의하면 자원봉사활
동 지속에 조직 관계망의 영향은 매우 정적일 것으로 예상된다.

  이론적 차원에서의 조직특성인 자원봉사자 관계망의 영향이 일반적
으로 긍정적으로 가정된 것과 동일하게 대부분의 경험적 연구들에서도
조직 내 관계망의 영향은 자원봉사활동 지속에 대체로 긍정적인 것으
로 밝히고 있다. 예를 들면, 자원봉사자들과 조직의 관리자와의 관계,
동료와의 관계, 대상자와의 관계 등은 자원봉사활동 지속에 대체로 긍
정적인 것으로 기존 연구들에서 분석되었다(이윤경, 1998; 김옥라 &
김현자, 1992; 홍승혜, 1995; 류경희, 1994; Booth & Babchuk, 1969;
Clarke, et al., 1975; Adams, 1980; Wilson, 1976; Perkins, 1989;
Rohs, 1986). 이는 조직의 관계망 관리가 자원봉사자들의 자원봉사활동
지속성 제고 차원에서 특별히 관심을 가져야 할 것임을 시사한다.

  지금까지 자원봉사자들의 자원봉사활동 지속결정에 대한 두 가지 이
론적 관점에서의 논의들을 검토해 보았다. 전체적으로 각 이론적 접근
들에서의 이론체계들은 제대로 정립되어 있지 못한 것으로 보이며, 기
존의 이론적 논의들은 하나의 가설적 논의들에 불과한 것으로 평가된
다. 특히 아직까지도 각 이론적 관점들에 대한 경험적 검증들이 특정
모델에만 국한된 또는 특정 요인들을 중심으로 한 단편적인 분석에 불
과하고 있음에 볼 때 이들 이론적 접근에 대한 체계적인 검증 노력이
절실하다.

  본 연구는 이 논의들을 토대로 실증 분석을 통하여 우리나라에서 자

원봉사활동의 지속 및 중단의 원인을 구명하고자 하며, 자원봉사자의 개인특성 및 자원봉사기관의 조직특성의 영향을 중심으로 기존 연구들에서 나타난 관련 요인의 영향을 검토해 보고자 한다.

3. 자원봉사활동 지속의 영향 요인

자원봉사활동 지속 및 중도탈락에 영향을 미치는 요인들은 상당히 포괄적이고 다양하다. 여기에서는 자원봉사자의 개인특성인 사회적 배경 요인, 인적 자원 요인, 동기 및 태도 요인, 사회적 활동 요인과 자원봉사기관의 조직특성인 자원봉사기관의 물리적 환경 및 조직풍토 요인, 자원봉사자 직무관리 요인, 조직 내 관계망 요인 등을 포함하고 있다.

자원봉사활동의 지속 및 중도탈락에 영향을 미치는 요인들에 대한 국내외 연구를 살펴보면 자원봉사활동의 지속 및 중도탈락에 영향을 미치는 조직특성에 관한 연구는 거의 없는 실정이며 자원봉사자의 자원봉사활동 참여와 밀접한 자원봉사자의 개인특성들에 관한 대부분의 연구들을 확인할 수 있다.

첫째, 자원봉사자들의 효과적 활용의 극대화를 위해 자원봉사자의 책임성과 지속성 제고를 위한 자원봉사자의 개인특성에 입각한 요인들로서 경험적 연구의 분석 결과들에서 일관되게 관련성을 지닌 사회적 배경 요인, 인적 자원 요인, 동기 및 태도 요인, 사회적 활동 요인 등을 자원봉사활동 지속에 영향을 미치는 개인특성의 영향 요인으로 선정하였다(이윤경, 1998; 조휘일, 1998; 홍승혜, 1995; 류경희, 1995; 모옥희, 1995; Gidron, 1985; Wilson & Music, 1998; Stevens, 1991; Puffer & Meindl, 1992; Cnaan & Cascio, 1999).

둘째, 자원봉사자들의 자원봉사활동 지속성 제고를 위한 자원봉사기

관의 조직적 특성 영향 요인인 자원봉사기관의 물리적 환경 및 조직풍토
요인, 자원봉사자 직무관리 요인, 자원봉사자들의 조직 관계망 요인 등이
자원봉사활동 지속 및 중도탈락에 미치는 영향에 일관성 있게 제기되어
관련성을 지닌 경험적 분석을 모색한 연구들(이윤경, 1998; 조휘일,
1998; 홍승혜, 1995; 류경희, 1995; 모옥희, 1995; 정병오, 1997; 권순미,
2001; 1992; Pierucci & Noel, 1995; Stevens, 1991; Lammer, 1991;
Jackson & Craft, 1995)에서 조직특성의 영향 요인으로 선정하였다.

이상의 연구들에서 자원봉사활동 지속 및 중도탈락에 영향을 미치는
요인으로서 자원봉사자의 개인특성 및 자원봉사기관 조직특성의 영향을
자원봉사활동 지속 및 중단의 주요한 요인을 정리하면 〈표 Ⅱ.3〉과 같다.

1) 자원봉사자의 개인특성 요인

자원봉사활동에 관한 기존 연구들에서는 대체로 자원봉사활동의
참여 및 자원봉사활동의 지속 및 중단뿐만 아니라 자원봉사활동의
전개양상 전반에 걸쳐 자원봉사자의 개인적 특성은 중요하게 영향
을 미치는 것으로 지적되어 왔다. 개인적 특성 요인들로는 자원봉
사자의 사회적 배경 요인(social background variables), 인적 자원
요인(human capital variables), 동기와 태도 등의 심리적 요인
(psychological variables), 사회활동 요인(socail activity variable) 등이
주로 지적되고 있는데, 이들 요인들의 영향을 구체적으로 검토하면 다
음과 같다.

〈표 Ⅱ.3〉 자원봉사활동 지속에 영향을 미치는 요인 선정

연구자 / 요인	사회배경요인	인적자본요인	태도동기관련요인	사회활동요인	물리적환경	조직풍토	조직관리			조직 내관계망		
							교육훈련	직 무	보 상	직 원	대상자	동 료
권순미(2001)	O							●		●		●
이윤경(1998)	O	O	O	O			●		●	●	●	●
조휘일(1998)	O	O	O	O			●		●	●		
정병오(1997)					●		●	●	●	●		●
홍승혜(1995)	O	O	O	O			●		●	●	●	●
모옥희(1995)	O	O	O	O		●	●	●	●			
류경희(1995)	O	O	O	O	●	●	●	●	●	●	●	●
Cnaan &Cascio (1999)	O	O										
SagePublication (1998)	O	O			●			●				
Wilson&Music (1998)	O											●
Zweigenhaft & Riddick(1996)	O			O								
Jackson&Craft (1995)	O	O			●			●				
Nelson&Walter (1995)	O											●
Pierucci&Noel (1995)	O			O			●	●	●	●	●	●
Stevens(1991)	O		O					●	●	●	●	●
Lammers(1991)	O			O			●	●	●	●	●	●
Gidron(1985)	O			O				●	●			●

〈참조〉 O 자원봉사자의 개인특성 요인
● 자원봉사기관의 조직특성 요인

(1) 사회적 배경 요인

분석 결과에서는 대체로 소득수준, 경제적 지위 등의 사회적 배경 요인들은 자원봉사활동 참여 및 수행 양상에도 중요하게 영향을 미치는 것으로 나타나고 있으며 이 요인들의 영향은 사회경제적 지위가 높은 사람들일수록 자원봉사활동에 적극적이라는 점을 보여주어 흥미로운 분석 결과로서 제시되고 있다.

사회적 배경 요인들과 자원봉사활동의 관련성은 사회주도층 이론으로 설명될 수 있다. 즉, 사회적 배경이 높은 사람들이 자원봉사활동에 적극적인 이유는 주도적인 사회적 지위에 상응하여 사회적 책임과 역할이 부여된 데서 비롯되고, 이와 같은 사회주도층의 책임과 역할이 계층적인 문화로 자리잡은 데서 비롯된 것으로 설명되고 있다. 상당수 경험적 연구들에서의 실증 분석결과들 또한 대체로 사회주도층 이론의 이와 같은 설명을 지지하는 것으로 검증되고 있는데 선행연구들에서의 관련 요인들을 검토해 보고자 한다.

① 소　득

소득은 자원봉사활동에 사회주도층 이론의 설명에 의거하여 밀접한 연관성을 지니는 것으로 관련 연구들에서 꾸준하게 지적되어 왔으며, 그 영향은 소득수준이 높은 사람일수록 자원봉사활동에 적극적일 것으로 가정되었다(Smith, 1983). 이와 같은 소득수준과 자원봉사활동과의 관련성은 소득수준이 자원봉사활동을 할 수 있는 자격을 부여한데서 비롯된 것으로(Wilson & Musick, 1998), 부유계층이 자원봉사활동 참여도에 긍정적인 영향을 미치는 것으로 분석되었다(Hodgkinson, 1995; Sundeen, 1992).

선행연구들은 자원봉사활동의 지속에도 소득의 영향이 긍정적으로 작용할 것으로 함축하여 주지만 대다수의 연구들에서 소득이 관련 요인으로 구성되지 않아 자원봉사활동 중단 및 지속에는 소득이 어떠한 영향을 미치는지에 대하여 검증되지 않고 있다. 다만 Cnaan 과 Cascio(1999)만이 소득과 자원봉사활동 지속과의 상관관계를 분석하고 있는데 이들 연구에서는 소득수준은 자원봉사활동 지속기간에 긍정적으로 유의미한 상관관계를 지닌 것으로 분석된다. 그러나 이들 연구의 분석결과는 관련 변수들의 영향이 통제되지 못한 단순 상관관계 분석에 불과하다는 점에서 소득의 영향이 확증된 것으로 평가할 수 없다.

본 연구에서도 자원봉사자의 소득을 자원봉사활동 지속 및 중단에 영향을 미칠 수 있는 요인으로 선정하여 이의 실제적 영향을 분석하고 자 한다.

② 직 업

직업은 소득과 더불어 자원봉사활동에 밀접히 관련된 개인특성 요인 으로 지적되어 왔다. 사회주도층 이론에서는 직업이 사회경제적 지위 를 표명한다는 점에서 직업을 갖은 사람이 그렇지 않은 사람에 비해 자원봉사활동 참여도가 높을 것이고, 직업적 지위가 높은 사람일수록 상대적으로 자원봉사활동 참여도도 높을 것으로 가정하였다(Smith, 1983, pp.53-68). 왜냐하면 직업경력이 많은 사람일수록 소속감과 성취 감을 자원봉사활동으로 충족시키고자 하는 성향이 높을 것이기에 자원 봉사활동에 적극적일 것으로 가정한다. 하지만 일부 논의에서는 직업 유무가 자원봉사활동 참여를 제약하는 조건이 될 수 있다는 점에 있어 서 직업유무 및 직업경력과 자원봉사활동 간에는 부적인 관계를 주장 하고 있어(Bryant, 1992), 앞의 연구들의 긍정적 영향에 대한 가정과는 상반되게 보여준다.

경험적 연구들에서도 직업의 영향은 상반되게 검증되고 있다. 즉, 직 업은 자원봉사활동 기간에 긍정적인 영향을 미치는 것으로 검증되고 있으며, 정규직 직업을 가진 사람이 그렇지 않은 사람에 비해 자원봉 사활동 참여율이 높은 것으로 분석되고 있다(Roh, 1986: Auslander & Litwin, 1988: Curtis, et al., 1992). 그러나 일부 연구에서는 직업의 영 향이 이와는 반대인 것으로 분석된다. 즉, 직업이 없는 사람이 오히려 자원봉사활동에 적극적인 것으로 제기되며(Zeigenhaft & Riddick, 1996: Day & Devlin, 1996), 이와는 반대로 직업이 있는 사람이 그렇지 않은 사람에 비해 자원봉사활동에 소극적인 것으로 나타나(Jackson, et al., 1995), 앞의 실증 분석결과와는 상반된다. 또한 직업적인 지위와 직업 유무는 자원봉사활동 지속기간, 지속 및 중단에 판별 요인이 되지 못하는 것으로 분석되고(Hodkinson & Weitzman, 1986; Gidron, 1984)있는 반면, Stevens(1991)의 연구에서는 직업유무 및 직업경력에 따라 자원봉사활동 지속성에 차이가 있는 것으로 나타나 직업의 영향은 상반되게 나타나고 있다. 실증분석 결과들의 상반된 이유는 개별 연구들마다 조사대상자 구성 및 분석방법이 상이한데서 비롯된 것으로 판단되어 일반화된 결론의 도출을 위해서는 대표성 있는 표집과 적합한 분석방법의 활용이 필요할 것으로 판단된다.

따라서 기존 논의들은 직업이 자원봉사활동과 밀접한 요인임을 시사하여 주기 때문에 본 연구에서도 직업을 자원봉사활동 지속 및 중단에 영향을 미치는 개인특성 요인의 하나로 설정한다. 하지만 직업의 영향은 기존 연구들에서도 보여지듯 다차원적인 측면에서 검토될 필요가 있으므로 본 연구에서도 직업과 자원봉사활동 지속 및 중단과의 관련성을 직업유무 및 직업경력 등의 변인들로 세분화하여 분석하고자 한다.

③ 성 별

성별은 자원봉사활동 참여뿐만 아니라 전개 양상에도 중요하게 관련되는 개인적 특성 요인으로 지적되어 왔다. 물론 이론적 관점에 따라 성별과 자원봉사활동의 관련성은 다르게 설명되기도 하고, 이의 영향도 상반되게 가정되고 있지만 성별은 자원봉사활동과 밀접한 관련성을 지닐 것으로 주장되었다.

사회주도층 이론에서는 여성에 비해 남성이 높은 사회적 지위를 표명하여 준다는 점에서, 또한 인적 자원론에서는 남성이 여성에 비해 상대적으로 자원봉사활동수행에 요청되는 인적 자원의 보유가 높다는 점에서, 남성들의 자원봉사활동 참여도가 높을 것으로 가정되었다 (Smith, 1983). 그러나 일부 논의들에서는 자원봉사활동 업무의 특성이 대체로 여성적인 일이라는 점에서 또는 성격 및 태도의 측면(예: 감수성, 감정이입 등)에서 여성들이 오히려 자원봉사활동 참여에 보다 적극적일 것으로 가정된다(Smith, 1994; Kim & Hong, 1998; Grreyno & Maccoby, 1993; Daniels, 1988).

상반된 이론적 설명과 마찬가지로 경험적 연구들의 분석 결과에서 자원봉사활동에 성별의 영향은 혼재되어 나타난다. 여성들이 자원봉사활동 참여에 더욱 적극적인 것으로 저시되는 반면(Hodgkinson & Weitzman, 1992), 오히려 남성이 더욱 적극적인 것으로 밝히고 있다 (Hayghe, 1991, pp.17-23). 또한 성별은 아예 영향이 없는 것으로 분석되고 있다(Herzog, et al., 1989, pp.129-138; Sundeen, 1987, pp.43-53). 또한 자원봉사활동 지속기간과 성별은 유의미한 상관성을 지니지 못하고 있거나, 지속 및 중단의 판별에 유의미한 요인이 아닌 것으로 분석한(Cnaan & Cascio, 1999; Gidron, 1984)반면에, Lammers(1991)의 연구는 성별이 자원봉사활동 지속 및 중단의 결정에 유의미하게 영향을 미치는 요인으로 분석하여 그 영향이 일관되지 않게 나타나고 있다.

자원봉사활동에 대한 성별의 영향이 기존 연구들에서 일관되게 나타나지 못하고 있는 이유는 무엇보다도 조사대상자의 구성, 특히 성별 구성이 다른데서 비롯된 것으로 보여진다. 따라서 연구분석 결과에서 나타난 성별의 영향은 조사데이터의 특성과 관련하여 인식되어야 할 것으로 생각된다. 그러므로 본 연구에서도 논의들을 참조하여 성별을 자원봉사활동 지속 및 중단에 영향을 미치는 요인으로 상정하고자 한다. 그러나 본 연구의 한계와 관련하여 재가노인복지사업 분야 자원봉사자들의 경우 성별 구성은 일반적으로 여성들에게 집중되어 있기에 성별의 영향은 대표성 있는 결과가 아닐 수 있음은 참조되어야 할 것이다.

⑵ 인적 자원 요인

자원봉사활동과 학력, 건강, 연령 등의 인적 자원 요소들의 관련성은 자원봉사활동이 지닌 특성에 입각하여 주장되었다(Wilson & Muscik, 1997, pp.694-713). 자원봉사활동은 비록 영리를 목적으로 하지 않고 무보수적 형태로 이루어지는 활동이지만 일반적인 근로활동과 동일하게 대상자들이 필요로 하는 재화와 서비스를 생산, 공급한다는 측면에서 생산적 활동의 특성을 지닌다는 것이다. 따라서 근로자들에게 생산활동 수행과 관련된 인적 자원의 축적이 요구되는 것과 마찬가지로 자원봉사자들에게도 자원봉사활동 수행과 관련된 인적 자원의 축적이 요청되며(Wilson & Muscik, 1998), 이와 같은 이유로 개인의 인적 자원 축적 수준은 자원봉사활동의 참여 및 자원봉사활동의 수행 양상과도 밀접한 관련성을 지닌 것으로 주장한다.

① 학 력

학력수준과 자원봉사활동은 밀접하게 연관되는 것으로 주장되었다. 인적 자원론적 접근에서는 학력은 생산활동의 성과를 좌우하는 대표적인 인적 자원 요소라는 측면에서 자원봉사활동과 학력수준은 매우 밀접한 관련성을 지니는 것으로 논의되었다(Wilson & Muscik, 1997). 자원봉사기관에서는 학력을 기준으로 자원봉사자를 선발할 것이라는 점에서, 업무수행 양상에도 영향을 미친다는 점에서, 자원봉사활동의 참여와 수행양상(성취도, 기여도 및 지속성) 등에도 중요하게 관련될 것으로 지적되었다. 사회주도층 이론에서도 학력은 사회경제적 지위를 표명하는 요소라는 점에서 자원봉사활동에 학력의 영향은 긍정적일 것으로 주장되었다(Smith, 1994).

기존의 연구들에서도 학력수준이 높은 사람일수록 자원봉사활동 참여도 및 자원봉사활동 수행도, 기여도, 성취도 등이 높은 것으로 나타나 학력이 자원봉사활동의 수행 양상에도 중요하게 영향을 미치고 있음을 보여준다(Chambre, 1984; Hodkinson & Weitzman, 1988; Gallagher, 1994; Burke & Hall, 1986; Spitz & Mackinnon, 1993). 그러나 자원봉사자의 학력이 자원봉사활동 지속 및 중단에 미치는 영향은 아직까지 명료하게 구명되지 못하고 있다. 즉, 경험적 연구들 대부분에서 학력이 관련 변인으로서 설정되지 못하여 학력의 영향은 체계적으로 검증되지 못하고 있다. 물론 일부 연구들에서 학력이 관련 요인으로 투입되어 분석되고 있긴 하지만 분석결과가 상반되게 나타났는데, Lammers(1991)의 연구에서는 지속성 제고에 긍정적인 것으로, Cnaan 과 Cascio(1999)의 연구에서는 지속기간과 무관한 것으로 나타나 체계적인 후속연구의 필요성을 제기하여 준다.

이상에서 살펴본 선행 연구의 논의들을 참조하여 본 연구에서도 학력을 자원봉사활동의 지속 및 중단에 관련된 개인특성 요인으로 설정하여 그 영향을 분석하고자 한다.

② 연 령

연령이 인적 자원 요인이라는 점에서 연령과 자원봉사활동의 밀접한 관련성을 제기하고 있다(Wilson & Muscik, 1997). 연령의 증대는 일반적으로 생산활동 관련 기술 및 경력의 증대를 표명하기에, 연령은 자원봉사활동 참여 및 수행양상에 긍정적인 영향을 미칠 것으로 가정한다. 그러나 일부 연구들에서는 연령과 자원봉사활동 간의 긍정적 관련성이 사회주도층 이론(Smith, 1984, pp.80-94)에 토대하여 제기된다. 이와는 달리 일부 연구들에서는 연령의 증대는 건강수준의 악화를 의미한다는 점에 주목하여 부정적이거나 혹은 곡선적(curvelinear) 영향이 있을 것으로 앞의 논의들과는 상반되게 가정된다(Hayghe, 1991, pp.17-23).

연령과 자원봉사활동 간의 관계는 연구들에 따라 상이하게 나타나고 있다. Herzog 등(1989)의 연구에서는 연령이 높을수록 자원봉사활동 참여가 낮은 것으로 분석되고 있는 반면에, 청장년층 자원봉사자를 분석대상으로 한 Hodgkinson 과 Weitzman(1988)의 연구에서는 연령이 증대될수록 자원봉사활동 참여가 높은 것으로, 또한 60세 이상 노령자를 대상으로 한 Lee와 Hong(1998)의 연구에서도 연령이 증대될수록 자원봉사활동 참여에 더 많은 시간을 할애하는 것으로 나타나 여타 연구결과와 상치되고 있다. 반면 일부 연구들에서는 자원봉사활동이 중년기에 절정을 이루는 것으로 분석하여 앞의 연구들과는 또 다른 영향을 보여주어 흥미롭다(Hodgkinson, 1992; Palisi & Korn, 1989; Auslander & Litwin, 1988; Vaillancourt & Payette, 1986).

자원봉사활동 지속 및 중단에 관한 연구들에서도 연령의 영향은 일관되게 제시되지 못하고 있다. Cnaan 과 Cascio(1999)는 연령과 자원봉사활동 지속간에 정적인 상관관계를 제시하고 있는 반면, Gidron(1984)과 Lammers(1991)의 연구에서는 자원봉사활동 지속 및 중단에 연령은 유의미한 영향을 미치지 못하고 있는 것으로 제시되고 있다.

이상에서 살펴본 선행연구의 논의들을 참조하여 본 연구에서도 연령을 자원봉사활동의 지속 및 중단에 관련된 개인특성 요인으로 설정하여 그 영향을 분석하고자 한다.

(3) 태도와 동기관련 요인

자원봉사활동에 대한 개인의 태도 및 동기는 자원봉사활동 참여 및 자원봉사활동의 수행 양상에도 영향을 미치는 것으로 지적하고 있다 (Wilson & Muscik, 1997). 특히 자원봉사활동의 태도 및 동기의 영향은 관련 연구들 간의 대립 또는 논쟁이 될 정도로 태도 및 동기의 관련성은 기존 연구들에서 논란이 되고 있다. 이타주의적 태도 및 동기의 관련성은 지금까지도 논란이 되고 있는 부분으로 이타주의적 성향과 자원봉사활동 참여 간 밀접한 관련성을 검증하여 자원봉사활동의 이타적 속성을 주장하고 있는 반면에(Hutter & Nelson, 1987: Hodgkinson & Weitzman, 1986; Latting, 1990; Perkins, 1989; Sundeen, 1992), 일부 연구들은 이를 전견적으로 부정하고 있다. 즉, 이타주의적 관점에 반하여 Smith(1981)는 순수한 이타주의란 존재치 않으며 이타주의적 동기로 자원봉사활동에 참여하고 있는 것으로 밝힌 사람들조차 스스로의 보람과 기쁨에 대한 기대를 갖고 임하는 것으로 지적하여 이타적 태도와 동기뿐만 아니라 이기적 성향 역시 자원봉사활동에 관련되고 있음을 시사하고 있다. Widman(1985) 역시 이타주의적 동기 이외에도 사회적 동기 혹은 자아발전 동기 등의 이기적 성향 역시 자원봉사활동 참여에 중요하게 영향을 미치고 있음을 제시하면서 이타주의적 관점의 한계를 비판하고 있다. 즉, 자원봉사활동에는 이타주의와는 다른 여타 유형의 동기와 태도, 곧 사회적 의무감 또는 도덕적 의무감 역시 자원봉사활동에 영향을 미치는 것으로 제시한다 (Florin, et al., 1986; Friedman, et al., 1987).

한편 Hogland와 Christenson(1982)의 경우는 도덕적 순결성, 애국심, 민주주의에 대한 태도, 국가발전에 대한 가치 등이 높은 사람일수록 자원봉사활동 참여가 높다는 분석결과를 제시하여 개인들의 다양한 태도 및 동기들의 관여를 보여주고 있다. 물론 지금까지의 관련 연구들에서는 자원봉사활동에 개인들이 지닌 태도와 동기가 밀접한 관련성을 지닐 수 있을 것으로 평가되지만 어떤 태도와 동기들이 영향을 미치는지를 구명하는 것은 논란이 되고 있다. 최근에는 자원봉사활동에 대한 다양한 태도 및 동기들을 어떤 범주로 구분하고 유형화 할 것인지에 대한 연구 의 주제가 되고 있다(Cnaan & Goldberg-Glen, 1991).

여기에서는 태도 및 동기의 영향과 관련된 중심적인 초점은 이타주의적 성향과 자원봉사활동의 관계 및 자원봉사활동의 긍정적 또는 부정적 태도와 관계에 있기 때문에 종교 및 자원봉사활동의 경험 등의 요인을 중심으로 검토하고자 한다.

① 종　교

이타주의 이론에서는 자원봉사활동은 자선 및 박애주의적 활동이라는 점, 그리고 이와 같은 활동은 개인들이 지니고 있는 이타주의적 가치와 규범을 반영하여 수행될 수 있다는 점에서(Fischer & Schaffer, 1993), 종교가 후원행위 등과 마찬가지로 자원봉사활동에도 중요하게 영향을 미칠 것으로 주장한다(Jackson, et al., 1995). 특히 자원봉사기관의 종교적 배경이 개인의 종교적 성향과 일치할 경우에는 자원봉사활동의 참여는 이타주의 실행과 더불어 종교적 결속력을 높일 수 있으므로 종교는 자원봉사활동 참여 및 수행 양상에도 강력하게 영향을 미칠 것으로 인식되고 있다(Wuthnow, 1991).

반면 일부 연구들의 경우는 종교와 자원봉사활동 간의 밀접한 관련성을 회의적으로 보고 있는데, 이들은 이타주의적 성향이 종교의 유무 또는 신앙수준과 일치하는 것은 아니라는 점에 비추어 종교와 자원봉사활동은 밀접한 관련성을 지니지 못하는 것으로 주장한다(Cnaan, Kasternakis & Wineburg, 1993, pp.33-51). 또한 일부 연구에서 종교는 자원봉사활동 참여에 대해서는 영향을 미칠 수도 있지만, 자원봉사활동의 수행 양상에는 별다른 영향이 없을 것으로 주장한다. 왜냐하면, 자원봉사자 대부분이 종교를 가질 수 있기에 자원봉사활동 수행 양상의 차이에는 종교가 밀접한 관련성을 지니지 않을 수 있기 때문이다.

경험적 연구들에서는 종교활동에 적극적인 사람이 자원봉사활동 참여도 및 자원봉사활동에 적극적인 것으로 분석되어 종교와 자원봉사활동 간에 밀접한 상관성을 지닌 것으로 밝혀져 긍정적 영향을 미치고 있다(Serow, 1991; Chambre, 1987; Hodkinson, 1995; Wilson & Janoski, 1995; Wuthnow, 1991). 그러나 이와는 반대로 종교유무, 신앙수준, 종교유형은 자원봉사활동과 별다른 관련성을 지니지 못한 것으로 분석되어 종교활동과 자원봉사활동 간 유의미한 상관관계가 없거나 자원봉사활동에 별다른 영향을 미치지 못하는 것으로 나타났다(Cnaan, Kasternakis, & Wineburg, 1993; Amato, 1985; Jackson, et al., 1995; Benson, et al., 1980). 이상의 선행연구 논의와 분석결과에 따르면 종교가 자원봉사활동과 밀접하게 관련된 것으로 인식되고 있지만 종교의 실제적 영향은 연구들에 따라 상반되게 나타났다.

본 연구에서는 종교를 자원봉사활동의 지속 및 중단에 중요하게 관련된 개인특성 요인으로 설정하여 그 영향을 분석하고자 한다. 따라서 종교의 영향은 종교 유무, 종교 유형 및 종교행사 참석수준 등으로 세분화하여 분석하고자 하며, 특히 종교 유무 및 종교행사 참석수준은 이타주의적 성향을 표명하는 것으로 간주하여 분석결과를 통해 개인들이 지닌 이타주의적 태도와 자원봉사활동 지속 및 중단의 관계를 분석하고자 한다.

② 자원봉사활동의 경험

자원봉사활동 경력은 자원봉사활동 참여 및 전개양상에 중요하게 영향을 미치는 요인으로 기존 연구들에서 밝히고 있다(Gidron, 1985, pp.1-16). 자원봉사활동 경험과 경력은 자원봉사활동에 대한 긍정적 태도를 표명하여 주는 것이기에 기존 연구들에서는 이와 같은 요인이 자원봉사활동 참여에 영향을 미칠 것으로 가정하고 있다. 이와 더불어 자원봉사활동 경력은 자원봉사활동에 대한 숙련성을 나타내는 부분이기도 하는 점에서 자원봉사활동 전개 양상의 긍정적 영향이 가정된다.

일부 연구의 분석에서는 자원봉사활동 경력은 자원봉사활동 기간에
별다른 영향을 미치지 못하고 있는 것으로(Cnaan & Cascio, 1999) 분
석되고 있지만, 대부분의 선행 연구에서의 자원봉사활동 관련 경험
및 경력은 자원봉사활동 참여뿐만 아니라 자원봉사활동 지속에도 유
의미한 영향을 미치는 것으로 나타나(Gidron, 1985; Stevens, 1991;
Zeigenhaft, 1996; Wilson, 1995), 자원봉사활동 경험 역시 중요한 관련
요인이라는 점을 시사한다.

본 연구에서도 자원봉사활동 경험을 자원봉사활동 지속 및 중단에
관련 있는 개인특성 요인으로 선정하여 자원봉사활동 지속 및 중단에
미치는 영향을 분석하고자 한다.

(4) 사회활동 요인

자원봉사활동의 참여 및 수행에는 개인이 지닌 속성들이 중요하게
관련되기도 하지만, 또한 개인들이 처한 상황 역시 자원봉사활동 참여
및 수행 양상의 조건이 된다는 점에서 상황적 요소 역시 자원봉사활동
에 영향을 미치는 요인으로 지적하고 있다(Smith, 1994; Lammers,
1998). 이와 같은 논의는 자원봉사활동 역시 사회활동의 일환이며, 이
러한 사회활동의 참여에는 특정 시간의 할당 및 투여가 부수되어야 한
다는 점에서 시간 할당과 관련된 개인적 상황(예를 들면 혼인상태, 가
족구성, 가족들의 태도 등)과 사회활동에 대한 개인적 취향 또한 자원
봉사활동의 참여 및 수행 양상에 중요하게 영향을 미치는 것으로 인식
된다(Kim & Hong, 1998). 자원봉사활동이 퇴직 노인 및 주부들에게
서 두드러지게 나타나고 있는 현상 역시 개인의 상황적 요소 및 취향
의 반영에서 비롯된 것으로 본다. 충분한 여가시간이 주어지는 개인적
상황 및 사회활동을 통해 사회적 관계형성 및 유지 등의 욕구를 충족

하고자 하는 성향 등의 반영으로 이들 집단에서 상대적으로 자원봉사
활동 참여가 왕성하게 이루어진다는 것이다(Herzog, et al., 1989;
Ward, 1979; Schafer & Dunsing, 1981; Bryant, 1992).

여기에서는 사회활동 수행의 조건이 되는 개인적 상황 및 개인적 취
향 등을 사회활동 관련 요인으로 분류하여 이들 요인의 영향을 검토하
고자 한다.

① 혼인상태

혼인상태는 자원봉사활동과 관련된 개인적 요소로서 이의 영향이 확
인되고 있다. 혼인상태가 가족부양과 관련된 시간할당의 증대를 요청
하는 상황에서 혼인상태는 자원봉사활동 참여 및 전개 특히 여성들에
게는 부정적인 영향을 미칠 것으로 가정된다(Wilson & Musick,
1997).

부양가족의 존재는 가사노동 및 자녀양육에 대한 시간활용 증대를
가져올 수밖에 없기 때문에 자원봉사활동의 제약 조건으로 작용할 것
으로 가정되었다. 그러나 사회주도층 이론적 관점을 취하고 있는 논
의들에서는 혼인상태에 있는 사람들이 미혼 혹은 이혼, 별거 등의
경우에 비해 사회적 지위와 경제적 수준이 높다는 측면에서 오히려
자원봉사활동 참여에 적극적일 것으로 가정된다(Smith, 1994). 즉, 혼
인상태에 있는 사람일수록 자원봉사활동 참여도가 높은 것으로 확인되
어(Auslander & Litwin, 1988; Hodkinson & Weitzman, 1986;
Hodgkinson, et al., 1992; Palis & Korn, 1989), 사회주도층 이론에 입
각한 설명의 타당성을 지지하여 주고 있지만, 상반된 분석결과가 제시
하는 연구들도 있어 아직까지 혼인상태가 자원봉사활동에 미치는 영향
으로서 단정 지을 수 없다.

Williams와 Ortega(1986)의 연구에서는 별거 혹은 이혼상태에 있는

사람들의 자원봉사활동 참여도가 상대적으로 높은 것으로 분석결과가 제시되고 있으나 Curtis 등(1992)의 연구와 Jackson 등(1995)의 연구에서 혼인상태는 자원봉사활동 참여에 유의미한 영향을 미치지 못하고 있는 것으로 분석되고 있다. 또한 Cnaan 과 Cascio(1999)의 연구는 혼인상태에 따라 자원봉사활동 지속기간이 유의미한 차이가 있는 것으로 검증하고 있지만, Lammers(1991)의 연구에서 혼인상태는 자원봉사활동 지속 및 중단에 유의미한 판별요인이 되지 못하고 있는 것으로 분석되어 이의 영향이 일관되게 나타나지 않고 있다. 그리고 여타 연구들에서는 혼인상태가 관련 요인으로 채택되지 않아 그 영향이 분석되지 못하고 있다.

본 연구에서도 혼인상태 역시 자원봉사활동 수행과 관련된 주요한 개인적 상황 요인일 수 있음에 따라서 이를 자원봉사활동 지속 및 중단의 관련 요인의 하나로 채택하고 이의 실제적 영향을 분석하고자 한다.

② 가족구성

혼인상태와 더불어 가족규모, 자녀 수, 가사분담자 유무 등의 가족구성의 측면은 자원봉사활동 수행의 주요한 조건으로 작용될 수 있다는 점에서 이들 요인들의 영향을 지적하고 있다(Edward & White, 1980; Jackson, et al., 1995; Sage publication, 1998). 하지만 이와 같은 가족구성의 측면이 자원봉사활동에 미치는 영향에 대해서는 아직까지도 합일된 결론이 도출되지 못하고 있는 상황이다.

자녀의 유무는 가사노동 및 양육노동의 증대를 야기하여 시간할당의 제약으로 인해 자원봉사활동 참여 및 수행에 부정적인 영향을 미칠 것으로 가정되지만(Wilson, 1997; Jackson, et al., 1995; Bryant, 1992; Romero, 1986, pp.23-50), 일부에서는 자녀가 있는 특히 학령기 자녀로 인하여 사회활동(예, 학교운영 위원회 등)이 더욱 강화될 수 있어서

자녀는 오히려 자원봉사활동에 긍정적인 영향을 미치는 것으로 주장한
다(Berger, 1991; Schiff, 1990).

경험적 연구들에서는 가족구성이 자원봉사활동에 미치는 영향이 체
계적으로 검증되지 못하고 있다. 대체로 지금까지의 연구들에서의 가
족특성 관련 요인은 주로 혼인상태 요인만으로 국한되어 가족구성이
자원봉사활동 참여 또는 자원봉사활동 지속 및 중단에 미치는 영향은
제대로 분석되지 못하였다.

본 연구에서는 자원봉사자들의 가족구성 역시 자원봉사활동 중단 및
지속에 중요하게 관련될 수 있는 상황적 요소일 수 있음에 따라서 이
를 관련 요인으로 채택하여 분석하고자 한다. 그리고 본 연구에서는
가족구성이 미치는 영향을 특히 가사 및 양육 노동시간과 밀접하게 연
관되는 자녀 유무 및 가사분담자 유무 등의 요인을 통해 분석하고자
한다.

③ 가족 및 주변인의 태도

가족 및 주변인의 태도는 자원봉사활동 참여 및 수행의 긍정적인 조
건 또는 부정적인 조건으로 작용되는 상황적 요소이다. 가족 및 주변
인들이 지닌 태도가 자원봉사활동의 참여 긏 전개양상을 규정하는 밀
접한 관련 요인으로 논의되어 왔다(Wilson & Musick, 1997). 즉, 가족
및 주변인의 지지적 태도는 자원봉사활동 참여 및 자원봉사활동 수행
양상에도 매우 긍정적으로 작용할 것으로, 이들의 부정적 태도는 자원
봉사활동에 제약 요인이 되어 부정적으로 작용할 것으로 가정된다. 왜
냐하면 가족 및 주변인들은 자원봉사활동과 관련된 각종 정보를 제공
하여 줄 수 있을 뿐만 아니라 본인의 자원봉사활동에 대한 인식 및 태
도 형성에도 영향을 미친다는 점에서, 또한 가족 및 주변인의 태도는
자원봉사활동의 긍정적 혹은 부정적 강화물로 작용하기 때문이다

(Wilson & Musick, 1998).

그러나 기존 연구들에서 가족 및 주변인의 태도가 자원봉사활동에 미치는 영향은 거의 고찰되지 못하고 있어 대부분의 연구에서는 자원봉사자들이 개인적으로 지닌 특성의 영향만이 주된 분석대상이 되어 가족 및 주변인의 태도가 미치는 영향은 관련 변인으로 설정되지 못하여 이에 대한 분석이 간과되고 있다.

본 연구에서는 가족 및 주변인의 태도 또한 자원봉사활동 수행 양상에 중요한 조건이 될 수 있는 상황적 요소일 수 있음에 초점을 두고 이를 자원봉사활동 지속 및 중단의 관련 요인으로 선정하고 이의 영향을 분석하고자 한다.

2) 자원봉사기관의 조직특성 요인

자원봉사활동은 자원봉사기관의 조직적 맥락에 의하여 조직·관리되는 체계 하에서 수행되고 있음이 일반적이다. 즉, 자원봉사활동 전개 양상에서 발생되는 자원봉사자들의 일련의 행태를 자원봉사자의 개인적 특성만을 중심으로 보는 것은 극히 일면적인 한계를 지닌다. 오히려 자원봉사활동 수행 양상에는 자원봉사자의 개인적 특성 및 자원봉사활동이 수행되는 자원봉사기관이 지닌 특성 역시 중요하게 영향을 미치고 있음을 감안하면, 자원봉사자의 행태를 보다 체계적으로 이해하기 위해서는 자원봉사기관의 조직적 특성을 고려한 통합적인 접근이 요청된다.

자원봉사활동이 자원봉사자가 기관 구성원의 하나로 수행하는 조직 활동이라는 성격에 비추어 본다면 기관 조직이 미치는 영향 역시 자원봉사활동의 양상을 이해함에 있어 주요하게 고려되어야 할 것이다.

자원봉사활동에 대한 최근 연구들에서는 자원봉사기관의 조직적 특성이 자원봉사활동 수행 양상에 미치는 영향이 주된 초점이 되고 있다 (Dailey, 1986, pp.19-31). 이 연구들에서의 분석대상인 자원봉사활동의 수행 양상도 다를 뿐만 아니라(예를 들면, 기여도, 성취도, 자원봉사활 동의 효과성, 자원봉사활동의 만족도, 자원봉사활동의 지속성 등), 영 향을 미칠 것으로 보는 기관의 조직적 측면들 역시 개별 연구들마다 달라 아직까지도 자원봉사활동과 관련된 자원봉사기관의 조직적 측면 은 체계적으로 정리되지 못한 실정이다. 또한 이들 조직적 측면들이 어떠한 이유로 자원봉사활동 수행 양상에 영향을 미치는지에 대한 이 론적 설명들도 아직까지는 단편적으로만 이루어지고 있을 뿐이어서 이 에 대한 통합적인 이론 개발 역시 중요한 과제로 제기되고 있다.

Cnaan 과 Cascio(1999)는 자원봉사활동의 공익성과 지속성에 밀접 하게 연관될 수 있는 자원봉사기관의 조직적 특성의 측면이 주로 자원 봉사기관에서의 직무관리 측면인 자원봉사자의 모집방식, 교육훈련, 자 원봉사활동에 대한 지도감독 등의 자원봉사자 관리 양상들로 설정되고 있거나, Watts & Edward(1983)의 연구에서는 기관의 조직적 특성은 자원봉사기관의 물리적 환경 요소 즉, 기관의 규모와 활동 영역, 자원 봉사자의 규모 및 이들의 성별 구성 등으로 설정되고 있다. 또한 Dover(1988)는 조직적 측면의 영향은 기관 내에서 형성된 자원봉사자 의 역할관계를 통해 조명되어야 할 것을 주장하고 있다. 이와 같은 논 의들은 개별 연구 관심들에 따라서 자원봉사기관 조직적 특성의 측면 에 대한 인식이 서로 차별성이 있음을 보여준다.

대다수 선행연구에서 자원봉사활동의 지속 및 중단에 관련되는 조직 적 특성은 자원봉사자의 실제 활동과 보다 직접적인 연관성이 나타나 는 자원봉사자의 관리 측면에 한정하여 분석되고 있지만(Cnaan & Cascio, 1999; Stevens, 1991; Gidron, 1984), 자원봉사기관의 물리적 환경 및 조직풍토, 기관 내 조직 구성원들 간의 관계망 역시 자원봉사 활동 수행 양상을 중요하게 규정하는 요인이라는 점에서 자원봉사기관의 조직특성 요인은 보다 포괄적으로 구성되어 그 영향이 총괄적으로 분석·평가되어야 할 것이다.

본 연구에서는 자원봉사활동과 관련되는 자원봉사기관의 조직특성을 기관에서의 물리적 환경 및 조직풍토, 자원봉사자 직무관리, 조직 내 관계망 등으로 구분하고 선행연구들에서 나타난 관련 요인들의 영향을 검토하고자 한다.

⑴ 물리적 환경과 조직 풍토

조직풍토론에서 기관의 물리적 환경(기관의 규모, 역사, 구조 등) 뿐만 아니라 조직분위기 등의 비 물리적 조직풍토 역시도 조직성원들의 제반 활동에 영향을 미치는 것으로 보고 있다(Litwin & Stringer, 1968). 조직풍토는 조직성원들의 태도 및 행동에 영향을 미치는 조직의 기본적인 속성이나 구조 등의 객관적 측면과 더불어 이에 대한 조직성원들의 주관적 인식 등을 포괄하는 개념이다. 즉, 조직풍토란 여타 조직들과의 차이를 구별시켜 주는 상황적 요소 및 구성원들의 이에 대한 인지적 요소들이 결합된 개념이라 할 수 있다. 조직풍토는 조직 차원의 활동 및 조직성원들의 태도와 행위에 주요하게 영향을 미치는 요소가 된다는 점에서 이에 대한 관심이 높아지고 있는 추세이다.

조직풍토 이론의 설명에 따라서 자원봉사자 역시 조직성원의 일원이라는 점 그리고 조직풍토에 의해 자원봉사자들의 태도와 행위 역시 중요하게 영향을 미칠 수 있다는 점을 감안하여 자원봉사자의 활동 양상을 기관의 물리적 환경 및 조직풍토의 영향을 밝혀보려는 시도들이 이루어져 흥미롭다.

Betz와 Judkins(1975)는 규모가 큰 기관들에서, 또한 지역사회에 인지도가 높은 기관들에서 사람들의 자원봉사활동 참여가 높다는 결과를 제시하여, 기관의 물리적 환경과 조직풍토 역시 자원봉사활동 양상에 실질적으로 주요하게 영향을 미치고 있음을 확인하여 주고 있다. Hougland와 Shephard(1985) 역시 친밀한 하위문화에 대한 기대로 조직규모가 큰 기관에 사람들의 자원봉사활동 참여가 높다는 점을 지적한다. 또한 Morris와 Snyder(1983)는 자원봉사기관의 활동 영역과 기관 내 조직구조 역시 자원봉사활동 양상과 밀접한 관련성을 지니고 있음을 보여주고 있는데, 이들은 휴먼 서비스기관이나 의료기관 등의 보다 전문화되고 체계적인 조직구조가 갖추어진 기관에서 자원봉사활동 참여가 더욱 적극적임을 분석 결과로 제시하고 있다.

다른 한편 기관의 지리적 위치와 자원봉사활동 수행 양상과의 관련성에 대한 많은 연구 결과 역시도 또 다른 측면에서 기관의 물리적 환경의 영향을 보여준다. 일부 연구들에서는 자원봉사자의 자원봉사기관 접근의 편이성이 자원봉사활동 참여 및 수행 양상에 긍정적인 영향을 미치고 있는 것으로 분석하여, 기관의 지리적 위치 역시도 물리적 환경 요소의 하나로 자원봉사활동 전개 양상에 밀접한 관련성을 지닌다 (Gidron, 1984; Vaillancourt & Payette, 1986; Stump, 1986; Sundeen & Siegel, 1987; Berger, 1991; Sundeen, 1992; Cutis, et al., 1992).

국내 연구들에서 자원봉사기관의 물리적 환경 및 조직풍토의 영향에 대한 고찰은 전반적으로 매우 미흡한 실정이다. 일부 연구들에서는 물리적 환경 및 조직풍토와 관련된 측면들이 관련되고 있지만(정병오, 1997), 일부 요인들에 국한된 단편적인 분석에 불과하거나 관련 요인들이 체계적으로 통제되지 못하여 이들 요인들이 자원봉사활동 양상에 미치는 영향은 제대로 구명되지 못하고 있는 상황이다.

본 연구에서도 자원봉사기관의 물리적 환경과 조직풍토는 자원봉사활동의 전개 양상을 분석함에 있어 중요한 기관특성 요인이라 평가되어 이를 자원봉사활동 지속 및 중단에 영향을 미칠 수 있는 관련 요인의 하나로 선정하고자 한다. 특히 본 연구에서의 물리적 환경과 조직풍토는 기관의 규모, 기관의 지역사회 내 지명도, 기관의 접근성, 조직 분위기 등으로 구성되며 이들 변인들에 대한 분석을 통해 기관의 물리적 환경 및 조직풍토의 영향을 평가해 보고자 한다.

(2) 자원봉사자의 직무관리

기존 연구들에서는 자원봉사기관에서 자원봉사자의 직무관리 양상이 자원봉사자들의 자원봉사활동 수행에 매우 큰 영향을 미칠 수 있다고 주장한다(Cnaan & Cascio, 1999, Gidron, 1984). 이와 같은 기관에서의 직무관리 양상과 자원봉사활동 수행 양상의 밀접한 관련성은 Homans(1961: 1974)에 의해 주창된 조직균형이론의 설명에 이론적 기반을 두고 제기되었다.

조직균형이론에서는 사회구성원들 간 사회적 관계가 일종의 교환관계를 통해 형성·유지되는 것으로 보는데, 개인의 특정한 행동은 이와 같은 관계 하에 '보상' 또는 '보상에 대한 기대'를 기초로서 인식한다. 예를 들면 개인의 특정한 행동에서 근로자의 근로활동은 활동에 대한 개인적 투자에 수반되는 보상이 크거나 또는 적어도 이에 상응하여야 수행될 수 있다는 것이다. 조직균형이론에서는 개인의 특정 행동은 이에 대한 보상이 적절하게 제공되어져야 이루어질 수 있고 그렇지 않을 경우에는 스스로의 자발적인 선택과 의지에 따른 행동은 더 이상 이루어지지 못한다고 본다. 즉, 보상은 단순히 물질적 보상에만 국한되는 것은 아니며 직무만족이나 사회적 존경 등과 같은 심리적 보상 및 사회적 보상 역시 광범위하게 포괄되고 있다.

자원봉사활동의 지속 및 중단과 같은 행위 역시 이와 같은 조직균형이론의 관점을 적용하여 설명될 수 있는데 자원봉사자에 대한 기관의 제반 관리 양상(예를 들면, 교육훈련, 직무배치, 보상관리, 슈퍼비젼 등)은 물질적 혹은 비물질적 보상으로 작용하여 자원봉사활동의 지속 및 중단에 중요하게 영향을 미치는 것으로 설명된다.

한편 조직균형이론을 조직차원에 접돈한 조직이론에서도 직무관리 양상은 자원봉사활동에 영향을 미치는 핵심적인 요소로 인식되고 있다 (March & Simon, 1958). 조직이론에 따르면 조직성원의 행위는 조직성원의 기여와 이에 대한 조직 차원의(굴질적, 비물질적)보상 관계에 입각하여 설명되는데 이들 간 관계의 균형이 유지될 경우에는 조직성원의 조직행위는 강화될 수 있지만 균형기 깨질 경우에는 '조직성원이 조직에 남아있을 동기가 상실되어' 조직유지가 어렵게 된다는 것이다. 따라서 조직성원의 업무수행이 원활하게 이루어지고 이들이 조직에 존속하도록 하기 위해서는 이에 상응하는 조직차원의 보상이 제공되어야만 한다는 것이다. 그렇지 못할 경우 조직성원의 불만이 높아져 조직을 떠나게 된다는 것이다. 이러한 조직이론에서의 설명은 자원봉사자들이 지닌 다양한 욕구들(인적 자원, 직무성취, 직무만족, 사회적 인정 등의)의 충족과 관련된 보상이 자원봉사활동 지속 및 중단과 밀접하게 관련되어 있음을 나타내주고 있다.

본 연구에서도 자원봉사자에 대한 기관들에서의 직무관리 양상들이 자원봉사활동 수행에 구체적으로 어떠한 영향을 미치는 것인지 자원봉사자 관리와 관련된 주요 영역을 교육훈련, 직무관리, 보상관리로 구분하여 선행연구들에 나타난 기관에서 이들 영역의 관리 양상이 자원봉사활동 수행에 미치는 영향을 검토하고자 한다.

① 교육·훈련관리

자원봉사활동 동기에 대한 기존 연구들에서는 기술 취득 및 숙련 등 자원봉사자들의 인적 자원 획득에의 동기 역시 자원봉사활동에 관련된 주된 동기의 하나로 지적되고 있다(Lammers, 1991). 일반적으로 자원봉사활동의 동기로는 이타주의라는 윤리적 동기 이외에도 자원봉사활동을 통해 관련 지식과 기술을 체득할 수 있는 점 또한 주된 동기가되는 것으로 지적되고 있다(Gidron, 1983). 이러한 자원봉사자들의 동기에 비추어 보면 자원봉사기관에서의 교육훈련은 자원봉사자들이 중요한 가치를 부여하고 있는 비물질적 보상의 성격을 지니는 부분으로자원봉사활동 참여 및 수행 양상을 중요하게 규정하는 요인이라 여겨진다. 특히 근로활동과는 달리 물질적 보상보다는 비물질적 보상이 오히려 주된 동기부여의 기제가 되는 자원봉사활동의 특성에 비추어 본다면(Cnaan & Cascio, 1999), 자원봉사기관에서의 교육·훈련은 자원봉사활동 수행 양상 전반에 영향을 미치는 요인이 될 것으로 본다.

교육·훈련은 또한 자원봉사자에게 자원봉사활동 수행에 필요한 인적 자원을 제공하는 측면에서도 자원봉사활동 수행 양상들과 밀접한관련성을 지니기도 한다(Wilson & Musick, 1997). 즉, 관련 인적 자원의 보유가 자원봉사자의 직무배치, 직무성과 등에 직접적으로 영향을미칠 뿐만 아니라 이를 매개로 자원봉사자의 공익성, 성취도, 만족도등에도 직·간접적으로 영향을 미치고 있어서 자원봉사기관에서의 교육·훈련은 자원봉사활동 수행 과정 및 이의 결과까지도 규정하는 중요한 요인으로 상정된다.

선행 연구들은 앞의 이론적 논의와 일치되게 기관에서의 교육·훈련이 자원봉사활동 수행에 긍정적임을 보여주고 있다. Zishka와Jones(1988)는 심층적인 오리엔테이션 교육이 자원봉사자의 불안감과역할모호성을 해소하여 주어 자원봉사활동의 성과 및 지속성 제고에긍정적으로 작용하고 있음을 보여준다. 또한 Paradis와 Usui(1987) 역시 기관에서의 교육·훈련이 자원봉사활동에 대한 의욕을 높이고 자원봉사활동 기간을 지속하는 효과가 있음을 밝히고 있다. Watson(1993)또한 교육·훈련이 자원봉사활동의 성취도 및 지속성 제고에 긍정적인것으로 지적하며, Lammers(1991) 및 Gidron(1984)의 연구도 직무준비 및 교육·훈련의 만족도는 자원봉사활동의 지속성과 정적인 상관관계를 지닌 것으로 확인되어 자원봉사활동 수행과 교육·훈련과의 밀접한 연관성을 보여주고 있다.

국내 연구에서도 교육·훈련은 자원봉사활동 지속 및 중단에 유의미한 영향을 미치고 있는 것으로 확인된다. 류경희(1994)는 기관에서의 자원봉사자에 대한 교육·훈련이 자원봉사활동의 지속에 긍정적 영향을 미치는 것으로 분석하고 있다. 또한 흥승혜(1995)의 연구도 자원봉사자의 교육·훈련은 자원봉사활동 지속에 긍정적인 영향을 미치고 있는 것으로 분석하여 자원봉사활동 지속성 제고의 차원에서 교육·훈련 관리에 관심을 기울여야 할 것임을 시사하여 주고 있다.

본 연구에서도 자원봉사활동 지속 및 중단의 영향 요인분석에 기관에서의 자원봉사자에 대한 교육·훈련 관리를 관련 요인의 하나로 설정하고자 한다. 그렇지만 교육·훈련에 대한 주관적 만족도를 변인으로 설정하는 선행연구들과는 달리, 교육·훈련에 대한 만족도뿐만 아니라 교육훈련 이수, 교육훈련 이수 회수 등 객관적인 교육·훈련 양상의 측면들도 관련 변인으로 포괄하여 교육·훈련의 영향을 보다 심층적으로 분석하고자 한다.

② 직무관리

자원봉사자에 대한 교육·훈련과 더불어 직무관리 역시 자원봉사활동 수행 양상에 중요하게 영향을 미치는 조직관리의 요소로서 기존 연구들에서 확인되고 있다(Gidron, 1983; Dailey, 1986; Stevens, 1991; Nassar-McMillan, 1999). 왜냐하면 직무관리는 자원봉사자가 수행하는 업무의 유형 및 이의 실행 방식과 절차들을 직접적으로 규정하는 부분으로 자원봉사활동 수행 양상과 긴밀한 관련성을 지니기 때문이다. 즉, 기관에서의 직무배치 양상, 직무부담의 설정, 직무수행의 관련 지원 및 지도감독 양상 등은 자원봉사자의 직무만족 및 직무성취, 직무 및 조직에 기여도에 영향을 미치며(Nassar-McMillan, 1999, pp.39-65), 이를 매개로 자원봉사활동의 지속 및 중단에도 영향을 미친다는 점에서 관련성이 제기된다.

이러한 점을 감안하면 자원봉사자의 행태 분석에 있어 해당 자원봉사기관에서의 직무관리 양상은 핵심적인 조직관리 요소의 하나로 평가된다. 특히 자원봉사활동이 경제적 보상을 목적으로 이루어지는 일반적인 근로활동과는 달리 활동 자체가 주된 목적이 되는 특성을 지닌 직무 자체가 자원봉사자들에게는 가장 중요한 보상체계 일 수 있음을 감안하여(Cnaan & Cascio, 1999), 자원봉사기관에서의 직무관리는 자원봉사활동 전개과정 전반에서의 자원봉사자의 행태를 규정하는 일차적 요소로 작용될 것으로 여겨진다. 따라서 자원봉사활동이 효과적으로 원만하게 수행되기 위해서 또한 자원봉사활동의 지속성 제고를 위해서는 자원봉사자들의 특성에 적합한 효율적인 직무관리체계의 개발과 실행이 요청된다.

기존의 연구들은 대체로 직무관리가 자원봉사활동에 매우 중요하게 영향을 미치고 있음을 다양한 직무관리 측면의 영향을 통해 보여주고 있다. Hodkinson 과 Weitzman(1986)의 연구는 자원봉사자의 직무인식이 명료하고, 직무태도가 적극적일수록 자원봉사활동에 더욱 적극적인 것으로 분석하고 있으며, Hodkinson 등(1992)의 연구 또한 직무태도가 적극적일수록 자원봉사활동의 참여도 적극적인 것으로 지적하여, 직무태도가 자원봉사활동 수행 양상과 밀접하게 관련되어 있음을 확인하여 준다. 한편 Michael 등(1979)의 연구는 자원봉사자의 직무불만족은 조직에 분쟁을 일으키거나 자원봉사활동을 중단하게 하는 요인으로 작용하는 것으로 밝히고 있으며, Flowers와 Hughes(1973)의 연구도 직무유형에 대한 불만족이 직무성취도 및 직무만족에 부정적인 영향을 미치게 되어, 자원봉사활동 중단으로 귀결되는 것으로 본다. 또한 많은 연구들에서 자원봉사자의 직무만족도는 자원봉사활동 지속에 중요한 영향 요인이 되고 있음을 검증하고 있어(Schindler-Rainman & Lippit, 1977; Lauffer & Gorodezky, 1977; Ilsley & Niemi, 1981), 직무만족이 자원봉사활동 수행 양상을 규정하는 요인임을 확인하여준다.

Fischer(1991)의 연구는 개별 특성에 적합한 직무배치가 자원봉사활동 수행에 정적인 영향을 미치고 있는 것으로 Schindler-Rainman과 Lippit(1975)의 연구 또한 자원봉사자의 직무 오리엔테이션이 자원봉사활동 지속에 중요하게 영향을 미치는 것으로 분석하여 직무준비 및 직무배치의 중요성을 시사하여 주고 있다.

기존 연구들에서는 이상의 요소 이외에도 직무관리를 구성하는 여타 하위요소(직무내용, 직무역할, 직무유형 등) 역시 자원봉사활동 수행 양상에 중요한 영향을 미치는 것으로 분석하고 있어(Muchinsky & Tuttle, 1979; Ilsley & Niemi, 1981; Milofsky, 1988; Watts & Edwards, 1983; Morris & Snyder, 1983), 자원봉사활동 수행 양상과 직무관리의 밀접한 연관성을 제기하여 주고 있다.

국내 연구들에서 직무관리의 영향에 대한 검증은 상대적으로 미흡하지만 관련 연구들의 분석결과는 직무관리의 중요성을 확인하여 주고 있다. 예를 들면 과업구조와 역할기대를 명료하게 인식한 자원봉사자일수록 자원봉사활동 지속성이 높은 것으로 검증되고 있으며, 부적절한 직무배치는 자원봉사활동 지속에 부정적인 것으로 분석되어 직무관리에 대한 체계적인 관리방안은 이루어지고 있지 않지만 단편적으로나마 직무관리의 중요성을 확인하여 주고 있다(서울시정개발연구원, 1995; 이윤로, 1996; 조휘일, 1990; 강다경, 1992).

사회복지시설 및 기관에서는 아직까지도 자원봉사자의 직무관리에 대한 관심은 아주 미흡한 것으로 평가되고 있다. 관련 조사연구들에 따르면 대부분의 기관에서는 자원봉사자를 지도·감독하는 직원은 거의 없는 것으로 나타났으며 또한 있는 경우들도 대부분 겸임 형태인 것으로 조사되고 있어 직무 지도감독에 대한 중요성 및 필요성에 대한 인식조차 매우 미흡한 것으로 확인되고 있다. 즉, 사회복지시설 및 기관들에서는 아직까지도 재정과 인력부족 등을 이유로 자원봉사자에 대한 체계적인 직무관리가 실행되지 못하고 있는 것으로 조사되어 전문적인 직무관리에 대한 관심이 시급하게 요청되고 있다(장희선, 1995: 조항입, 1995, 이윤로, 1996).

이상의 선행연구들의 논의에서 제기되는 직무관리의 영향에 관련하여 본 연구에서도 기관에서의 직무관리 측면을 직무배치, 직무부담, 직무만족도, 직무에 대한 지도감독 등으로 구성하여 자원봉사기관에서의 직무관리 양상이 자원봉사활동 지속 및 중단에 미치는 영향들을 보다 체계적으로 분석하고자 한다.

③ 보상관리

자원봉사활동에 대한 기존 연구들에서는 자원봉사활동에 대한 유·무형의 보상은 자원봉사활동 수행 양상을 규정하는데 매우 중요한 요인으로 여겨지고 있다(McGee, 1988: Brown & Zahrly, 1989: Cnaan & Cascio, 1999: Sundeen, 1992). 물론 일부 연구들에서는 자원봉사활동은 경제적 보상을 통해 동기화되는 활동이 아니라는 특성에 의하여 보상관리의 영향이 평가절하 되고있다(Pearce, 1993, pp.148-156). 그러나 자원봉사자 역시 조직성원의 일원으로 조직 내 교환관계의 구조적 체계 하에 위치하고 자원봉사자의 활동에는 비경제적인 유·무형의 보상들이 관련되고 있음에 비추어 본다면 보상관리 측면의 영향을 간과한 채 자원봉사활동의 전개 양상을 이해하기는 곤란할 것으로 본다.

일련의 연구들에서는 자원봉사활동의 수행 양상에는 보상관리 측면이 주요하게 영향을 미치고 있음을 제기하여 주고 있다. McKee(1988)의 경우는 자원봉사활동에 대한 인정 등의 상징적 보상은 자원봉사활동의 사기와 자원봉사활동 성취도에 매우 긍정적인 영향을 미치는 것으로 분석되고 있다. Brown 과 Zahrly(1989)의 연구에서도 비현물 형태의 보상은 자원봉사활동에 대한 자원봉사자의 공익성을 높이는 데에 긍정적으로 작용하고 있는 것으로 지적하고 있다. 자원봉사활동 지속 및 중단에 대한 연구들에서도 자원봉사활동에 대한 보상은 자원봉사활동 지속에 긍정적인 영향을 미치는 것으로 분석되어(Cnaan & Cascio, 1999; Brudney, 1992; Sundeen, 1992; Schafer, 1979), 자원봉사기관에서의 자원봉사자에 대한 보상관리가 자원봉사활동의 전개 양상과 밀접한 관련성이 있음을 보여준다.

국내 연구들에서도 자원봉사활동에 보상의 중요성이 제기되고 있다. 관련 연구들에서는 보상이 자원봉사활동의 참여 및 지속에 중요한 영향을 미치고 있으며 특히 다양한 보상 유형 중에서도 개별적 차원의 보상 방식과 사회적 인정 등의 사회적 보상 형태가 중요하게 영향을 미치는 것으로 나타나 흥미로운 분석 결과로 확인되고 있다(조휘일, 1996; 시정개발연구원, 1995; 김명성, 1993). 그러나 아직까지도 대부분의 사회복지시설 및 기관에서 보상관리에 대한 관심은 전반적으로 미흡한 실정이며 보상의 형태들도 기본적인 보상(친목도모, 기관행사 초대, 감사의 표현 등)에 지나지 않는 것으로 조사되고 있어 자원봉사활동의 보상관리 수준은 매우 미약한 것으로 나타났다(장희선, 1995). 따라서 적극적인 자원봉사활동의 전개에 부합되는 보다 효과적인 보상관리 체계의 개발은 주요한 과제로 남아있는 실정이다.

본 연구에서는 기관의 보상관리와 자원봉사활동 수행 양상 간 밀접한 연관성에서 해당 자원봉사기관에서의 보상관리 측면 또한 자원봉사활동 지속 및 중단에 영향을 미칠 수 있는 직무관리 요인의 하나로서 보상관리의 측면은 보상유형별(물질적/비물질적; 현금/현물)보상경험, 보상지원 액수, 보상 유형별 만족도 등으로 구체화하여 보상관리 측면의 영향을 보다 심층적으로 고찰하고자 한다.

⑶ 조직 내 관계망

자원봉사활동에 미치는 기관특성의 영향을 구명하고자 하는 일부 연구들에서는 조직 내 관계망을 중요한 기관특성의 하나로 여기고 있다(Dover, 1998; Wilson & Musick, 1998). 사회적 자원이론 혹은 사회적 관계망 이론에 기반하고 있는 이들은 '개인의 사회적 활동에는 개인이 형성한 사회적 관계망이 밀접하게 관련되어 있음'에 대하여 자원봉사활동 수행 양상 역시 자원봉사자의 조직 내 관계망 측면에서 조명될 필요가 있다고 주장한다. 자원봉사활동의 주된 동기의 하나가 사회적 관계형성에 주어져 있음을 감안한다면, 그리고 조직 내 관계는 업무수행과 관련된 유용한 정보뿐만 아니라 심리적, 정서적 지지들을 제공하여 주는 통로가 된다는 점에서 보면, 자원봉사자의 관계망 역시 자원봉사활동 양상의 차이를 설명하여 줄 수 있는 유력한 해답이 될 수 있을 것으로 본다.

최근 연구들에서는 자원봉사자들이 조직 내에서 맺고 있는 다양한 역할관계들이 자원봉사활동 수행에 어떠한 영향을 미치는지를 분석하고 있는 추세가 나타나 흥미롭다. 이 연구들에서는 주로 기관에서의 종사 직원, 동료 자원봉사자, 서비스 대상자와의 관계가 자원봉사활동 수행 양상들에 어떠한 영향을 미치는지에 대해 광범위하게 분석되고 있는데 대체로 이의 영향은 긍정적인 것으로 검증되고 있다.

Wilson(1976)의 연구에서는 관리자의 태도가 우호적이지 못한 경우 자원봉사활동 수행에 부정적인 영향을 미치는 것으로 나타난 반면에 조직에서 동료 자원봉사자들과의 우호적인 관계는 자원봉사활동 지속에 긍정적인 영향을 미치는 것으로 분석되어 조직 내 관계망과 자원봉사활동 수행 양상 간 밀접한 관련성을 보여준다. 앞의 연구 결과들과 유사하게, Porter와 Steers(1973)의 연구도 동료 자원봉사자와의 상호작용에 만족도가 높을수록 자원봉사활동에 적극적이라는 분석결과를 제시하고 있으며 Gidron(1984)의 연구 역시 동료 자원봉사자와의 우호적 관계는 자원봉사활동 지속에 긍정적인 영향을 미치고 있음을 밝히고 있다.

대부분의 기존 연구들에서도 자원봉사기관 내에 친구 또는 친분이 있는 사람들의 경우 그리고 개별적인 접촉이 많거나 이들로부터 지지나 배려를 받은 사람들의 경우 자원봉사활동에 보다 적극적인 것으로 나타나(Booth & Babchuk, 1969: Clarke et al., 1975: Adams, 1980: Hodgkinson & Weitzman, 1986: Hodgkinson, et al., 1992: Perkins, 1989: Rohs, 1986), 조직 내 관계망 요소들의 주요한 영향력을 시사하여 주는 반면에 자원봉사자관리 전담 관리자의 비현실적 기대, 대상자와 동료로부터 피드백의 부족 등은 자원봉사활동 수행 양상에 부정적인 영향을 미치는 것으로 분석되어 관계망의 중요성을 확인하여 주고 있다.

국내 연구들에서도 조직 내 관계망은 자원봉사활동 수행 양상과 관련된 요소로 간주하여 이의 영향에 대한 분석이 이루어지고 있다. 대부분의 연구들에서는 조직 내 관계망의 유의미한 영향을 제기하고 있는데 이윤경(1998)의 연구에서는 서비스 대상자와의 관계가 좋을수록, 담당 관리자가 과업중심형 일수록 자원봉사활동의 투여시간 및 자원봉사활동 기간 역시 높은 것으로 분석되고 있다. 또한 조휘일(1990)의 연구에서도 조직 내 관계 특히, 기관 직원과의 관계가 원만할수록 자원봉사활동의 지속성 역시 높은 것으로 분석되고 있다. 이와 더불어 김옥라와 김현자(1992)의 연구 또한 동료 자원봉사자들로부터의 지지와 우호적 관계는 자원봉사활동에 긍정적인 것으로 제시되고 있고 김상욱(1990)의 분석결과 또한 동료 자원봉사자 및 서비스 대상자와의 우호적인 관계의 긍정적인 영향을 보여주고 있다. 여타 연구들에서도 조직 내 관계망 요인들의 영향은 유의미한 것으로 분석되고 있어 조직 내 관계망이 자원봉사활동 수행 양상을 결정함에 있어 중요한 조직특성 요인임을 확인하여 준다(이성록, 1995: 홍승혜, 1995: 류경희, 1994).

 본 연구에서도 조직 내 관계망을 자원봉사활동 지속 및 중단 결정에
관련된 조직특성 요인의 하나로 채택하여 직원과의 관계, 대상자와의
관계, 동료 자원봉사자와의 관계를 요인으로 설정하여 각각의 영향을
분석하고자 한다.

Ⅲ. 연구방법

1. 연구의 설계

본 연구는 자원봉사활동의 활성화를 위해서는 자원봉사자의 자원봉사활동 참여율 제고뿐만 아니라 지속성 유지 역시 요청된다는 점에 관련하여 자원봉사활동의 중도탈락 해소 및 지속성 제고에 유용한 효과적인 자원봉사활동 관리의 개발에 목적을 두고 있다.

이와 같은 연구목적을 달성하기 위해 본 연구에서는 자원봉사활동의 지속 및 중단에 중요하게 영향을 미치는 관련 요인들이 무엇인지를 자원봉사자의 개인적 특성(사회적 배경 요인, 인적 자원 요인, 태도와 동기 요인, 사회활동 요인)과 자원봉사기관의 조직적 특성(물리적 환경 및 조직풍토, 자원봉사자의 직무관리, 조직 내 관계망)의 측면에서 실증분석하고 이러한 분석 결과를 기초로 효과적인 자원봉사활동 관리방안을 모색하고자 한다. 본 연구의 과정을 도식화하면 다음의 〈그림 Ⅲ.1〉과 같다.

본 연구의 분석은 비실험설계에 의하여 자원봉사활동 지속자와 중단자 모두를 조사 표본으로 선정하여 관련 요인들의 영향을 체계적으로 분석하였다.

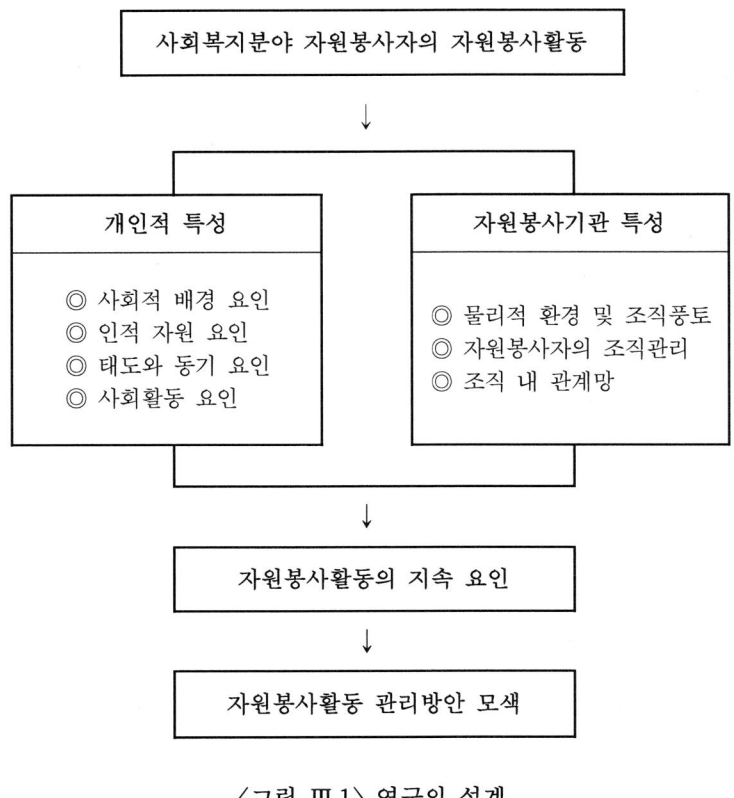

〈그림 III.1〉 연구의 설계

2. 조사대상

본 연구에서는 1999년 6월부터 2000년 5월까지 1년 동안 가정봉사원 양성교육훈련 과정을 이수한 자원봉사자 953명을 조사 표본으로 선정하였다.

본 연구에서의 모집단은 사회복지분야 재가노인복지사업 자원봉사자들로 선정하였다. 이와 같이 모집단을 설정한 이유는 무엇보다도 재가 노인복지사업 종사 자원봉사자들의 경우가 자원봉사활동의 지속 및 중단 양상이 명료하게 고찰될 수 있기 때문이다.

본 연구의 중심적인 연구문제 즉, 자원봉사활동의 지속과 중단의 영향 요인 분석이 특정 시점에서 같은 유형의 자원봉사활동에 동일하게 참여하여 활동하기 시작하였음에도 불구하고 어떤 이유로 일부 사람들은 자원봉사활동을 지속하는 반면, 일부 사람들은 지속하지 못하는가를 구명하고자 하므로 조사대상에게서 전제되어야 할 부분은 자원봉사활동 시점과 자원봉사활동 유형이 일정기간 통일되어야 한다. 재가노인복지사업 자원봉사자들의 경우는 자원봉사활동 유형이 대체로 통일되어 있을 뿐만 아니라 자원봉사활동 수행시점을 표본 추출과정에서 통제할 수 있어서 본 연구에 적합한 조사대상 집단으로 볼 수 있다.

3. 조사도구

설문지 구성은 자원봉사활동의 수행양상, 자원봉사자의 개인적 특성, 자원봉사기관의 조직적 특성에 관한 사항으로 구성되어 있으며, 세부 조사항목들은 〈표 Ⅲ.1〉과 같다.

〈표 Ⅲ.1〉 설문조사 항목의 구성

구 분	관련 변인	설 문 항 목
자원봉사활동 수행 양상	자원봉사활동 지속 및 중단	자원봉사활동의 지속 및 중단 여부
	자원봉사활동의 수행 실태	기관 유형, 자원봉사활동 시간(1회평균 분), 자원봉사활동 참여경로, 자원봉사활동 지속 의향
자원봉사자의 개인적 특성	사회적 배경 요인	가구소득(월), 가구주의 직업, 성별
	인적 자원 요인	학력, 연령, 취업경력
	동기 및 태도 요인	종교 유무, 종교 유형, 신앙수준, 자원봉사활동 동기, 이전 자원봉사활동의 경험
	사회활동 요인 (개인상황 및 가족상황)	혼인상태, 가족구성(7세미만 자녀유무/가사분담자 유 무),가족 및 주변인의 인지도와 지지도, 직업유무
자원봉사 기관의 조직적 특성	물리적 환경 및 조직풍토 요인	기관 역사(설립 년수), 기관 지명도, 기관 접근성(소요시간), 조직 분위기, 조직 소속감, 기관 처우에의 만족도, 자원봉사자의 규모
	자원봉사자 관리 요인	▶ *교육훈련 관리* 교육이수 경험, 교육회수, 교육시간, 만족도 ▶ *직무관리* 직무적합성, 직무배치방식, 직무부담(시간), 직무만족도, 직무지도(빈도/ 만족도) ▶ *보상관리* 보상(현금/ 현물/ 비물질적)의 유무보상지원액 (월), 보상의 만족도, 기관 규모(직원 수)
	조직 내 관계망 요인	▶ *직원과의 관계* 업무적 / 정서적 지지 관계, 갈등 경험, 자원봉사자에 대한 직원의 태도 ▶ *대상자와의 관계* 업무적 / 정서적 지지 관계, 자원봉사자에 대한 대상자의 태도 ▶ *동료 자원봉사자와의 관계* 친분있는 자원봉사자의 유무 친밀한 자원봉사자의 유무 자원봉사자들과의 지지적 관계 친목모임의 유무, 친목모임 참여도

1) 자원봉사활동 수행 양상

(1) 자원봉사활동의 지속 및 중단

자원봉사활동의 지속 및 중단은 자원봉사활동 지속자와 중단자로 구분하였으며 지속하고 있는 경우는 1, 중단하고 있는 경우는 0의 점수를 부여하여 이분 변수화 하였다.

(2) 자원봉사활동의 수행 실태

자원봉사기관유형은 개방형 설문으로 조사대상자의 자원봉사활동 기관 및 시설의 유형을 측정하였다. 자원봉사활동 회수 및 시간은 개방형 설문으로 월평균 회수와 1회활동 시간은 분으로 환원하여 분석에서는 연속변수로 취급하였다. 자원봉사활동 참여경로는 4가지 유형으로 범주화하여 측정하였다. 자원봉사활동 지속의향은 5가지 유형으로 범주화하여 서열척도를 통해 측정하였다. 매우 부정적인 경우 1, 매우 긍정적인 경우는 5를 부여하여 자원봉사활동 지속의향이 높을수록 높은 점수를 부여하였다.

2) 자원봉사자의 개인적 특성

(1) 사회적 배경 요인

배우자의 직업은 단순노무직으로부터 고위 경영자에 이르기까지 총 7개의 직업적 지위의 범주로 구분하여 측정하였으며 각각에 1부터 7의

값을 그리고 실직의 경우는 0의 값을 부여하였다. 가구소득은 월 평균 가구소득을 통해 조사대상자 가구의 경제적 지위를 측정하고자 하였다. 성별은 남성과 여성으로 범주화하여 응답토록 하였으며 남성 0, 여성 1의 점수를 부여하였다.

(2) 인적 자원 요인

학력은 교육년수로 환산하여 연속변수(continuous variable)로 취급하였다. 중퇴의 경우는 중퇴년수를 토대로 교육년수를 산정하였다. 연령은 연속변수로 취급하였으며 취업경력은 현재까지의 총 취업경력 년수를 측정하였다.

(3) 동기 및 태도 요인

자원봉사활동 동기는 이타주의 동기(어려운 이웃을 돕기 위해, 종교활동의 차원에서, 지역사회에 기여하고자)와 이기주의적 태도(사회활동을 하고 싶어, 관련 업무를 배우고 싶어)로 구분하여 각각 1과 0값을 부여하여 이분 변수화 하였다. 종교는 본 조사에서 세 가지 차원으로 설문, 측정하였다. 첫째, 종교 유무 여부로 보유의 경우는 1, 미보유의 경우는 0의 점수를 부여하였다. 둘째, 종교 유형으로 4가지 주요 종교 유형의 범주로 구분하여 측정하였다(기독교 1, 천주교 2, 불교 3, 유교 4). 셋째, 신앙수준으로 종교활동 참석 수준을 기준한 3점 척도로서 서열 측정하였다. 자원봉사활동 경험은 자원봉사활동 경험 있음에는 1의 점수, 없음의 경우에는 0의 점수를 부여하였다.

(4) 사회적 활동 요인

자원봉사활동 수행의 여건과 관련된 사회적 활동 요인은 개인적 상황 및 가족적 상황 등과 관련된 요인들로 구성하였다. 혼인상태는 미혼을 0, 기혼을 1의 점수로 부여하였다. 7세미만 자녀 유무는 7세 미만 자녀가 없는 경우는 0, 있는 경우는 1의 점수를 부여하여 측정하였다. 가사분담자의 유무는 미 유무에는 0, 유무에는 1의 점수를 부여하였다. 취업여부는 미취업 시에는 0, 취업 시에는 1의 점수를 부여하였다. 가족의 지지도는 매우 부정적인 경우는 1점, 반면 매우 지지적인 경우는 5점을 부여하였다. 주변인의 지지도는 5점 서열로 측정하여 주변인의 태도가 우호적이고 지지적 일수록 높은 점수를 부여하였다. 주변인의 인지도는 4점 척도로 측정하여 전혀 모르는 경우는 1을, 반대로 매우 잘 알려진 경우는 5점으로 측정하였다.

3) 자원봉사기관의 조직적 특성

(1) 기관의 물리적 환경 및 조직풍토

기관의 규모는 자원봉사기관 종사 직원 수를 개방형으로 응답토록 하여 기관규모를 측정하였다. 기관의 역사는 자원봉사기관 설립 년수를 설문하여 기관의 역사를 측정하였다. 기관 지명도는 지역사회에서의 자원봉사기관의 위상과 평판을 보여주는 변인으로 지역사회에 매우 잘 알려져 있는 경우부터 전혀 알려지지 않는 경우 등으로 5점 척도화하여 측정하였다. 기관 접근성은 자원봉사기관까지의 이동에 소요되는 시간(단위는 분)을 통해 접근성을 측정하였다. 기관의 조직풍토는 5점 척도에 대한 조사대상자의 주관적 평가로 측정하였으며 점수가 높을수록 조직풍토가 우호적임을 보여준다.

(2) 자원봉사자의 관리

교육훈련 관리는 해당 기관에서의 교육훈련 이수 경험은 이분 변수 (비이수 0, 이수 1)로 측정하였으며 교육훈련기간은 지금까지의 총 교육훈련 기간은 일(日)을 단위로 측정하였으며 교육훈련 시간은 지금까지의 총 교육훈련 시간으로 측정하였다. 한편 교육훈련에 대한 만족도는 5점 서열척도를 활용하여 측정하였다. 직무관리는 직무배치 방식 및 직무지도 유무와 같은 변인들은 이분 변수로 측정하였으며, 이외 변인들은 5점 척도에 대한 조사대상자의 주관적 평가로 측정하였다. 보상관리는 기관의 보상체계에 대한 만족도는 5점 서열척도에 의하여 측정하였고 보상 액수는 한달 평균 보상지원 액수로 설문 측정하였다. 각종 보상 유형들의 유무는 이분변수(0과 1)로 측정하였다.

(3) 조직 내 관계망

기관 직원과의 관계는 하위 변인들을 통해 구성하여 측정하였다. 하위 변인들의 측정방식은 직원들과의 갈등경험을 제외한 기타 변인들은 5점 서열척도를 활용하여 조사대상자의 주관적 평가를 통해 측정하였으며 갈등경험은 이분변수로 측정하였다. 대상자와의 관계는 다음과 같은 하위 변인들로 구성하여 측정되었다. 업무적 차원에서 대상자와의 관계, 정서적 차원에서 대상자의 관계, 자원봉사자에 대한 대상자들의 태도가 관련 변인들로서 이들은 5점 서열척도를 활용하여 설문 측정되었다. 동료 자원봉사자와의 관계는 다음과 같은 하위 변인들로 구성되어 측정하였다. 즉, 친분있는 자원봉사자의 유무 여부, 친밀한 자원봉사자의 유무 여부, 자원봉사자들 간 친목 모임의 유무, 친목 모임의 참여도, 자원봉사자들과의 관계 등으로 구성하여 동료 자원봉사자들과의 관계를 측정하였다.

4. 자료수집

본 연구에서 설문조사는 두 차례 실시하였다. 먼저 예비조사의 목적으로 2000년 10월 2일 110부의 설문지가 조사되었으며 예비조사 결과를 토대로 일부 설문항목들이 수정된 후 동년 12월 4일 본 조사로서 우편설문 조사를 실행하였다.

본 조사에서는 953부의 설문지를 발송하여 12월 20일 마감하였으며, 최종적으로 총 471부가 회수(회수율 49.4%)되어 23부는 응답 부실로 인해 제외하고 총 448부를 분석 대상으로 하였다.

5. 자료분석 방법

자료의 분석에는 SPSS/PC for Window 10.0의 통계 프로그램이 활용되었으며 구체적인 자료 분석방법은 다음과 같다.

조사대상자의 일반적 특성과 자원봉사활동의 수행 실태 등을 살펴보기 위해 빈도분석 등의 기술통계 분석방법을 활용하였으며, 자원봉사활동 지속자와 중단자들이 어떤 특성을 지니고 있는지 비교하여보기 위해 T-test 분석을 활용하였다.

한편 자원봉사활동 지속 및 중단에의 관련 요인들의 영향은 자원봉사활동의 지속 및 중단이 이분변수이기에 로지스틱 회귀분석 방법을 활용하여 자원봉사자의 개인특성과 자원봉사기관의 조직특성 요인의 영향을 분석하였다.

Ⅳ. 조사결과

1. 일반적 특성

본 연구의 조사대상 자원봉사자들의 일반적 특성을 성별, 연령, 학력, 종교, 혼인상태, 가족구성, 직업, 계층적 지위 등으로 구분하여 분석하여 본 결과는 〈표 Ⅳ.1〉과 같다.

조사대상자의 개인적 특성 중 성별은 조사대상자의 94.6%가 여성인 것으로 나타나 재가노인복지 분야 자원봉사자들의 대다수가 여성으로 나타났다.

연령은 최고 75세에서 최소 19세에 걸쳐 분포되어 있으며, 평균 연령은 41세로 나타났고, 연령별 분포로는 40대가 35.7%로 가장 높은 비중을 차지하고, 20대, 30대, 50대가 각각 20.1%, 그리고 60대 이상은 4.0%로 나타났다.

조사대상자의 교육 년수는 평균 12.2년으로 나타났는데, 평균 고졸 학력 수준인 것으로 나타났으며, 학력분포는 고졸(퇴) 44.2%, 대졸(퇴) 36.6%, 중졸(퇴) 12.9%, 국졸이하 6.3%였다.

종교유무는 조사대상자의 87.1%가 종교를 가진 것으로 나타났고 이들의 종교는 기독교가 가장 높은 비중을 차지하는 것1으로 나타났고 (45.6%), 다음이 불교(31.8%), 천주교(22.6%) 순으로 확인되었다. 종교를 갖고 있는 조사대상자들 가운데 종교참여 수준에 있어서는 적극 참여한다(45.1%)가 가장 높이 나타났으며 보통이다(29.6%), 거의 참여하지 못한다(11.5%)로 나타났다.

가족구성을 살펴보면 조사대상자의 77.7%가 기혼, 22.3%가 미혼으로 나타났다. 기혼자 중 14.4%의 경우는 7세 미만 자녀가 있는 것으로 나타났고 90.8%가 친정부모, 시부모 등 가사분담자가 없는 것으로 나타났다.

〈표 Ⅳ.1〉 일반적 특성(N＝448)

변 수	항 목	빈 도	백분율(%)	누적율(%)	비 고
성 별	남 성	24	5.4	5.4	
	여 성	424	94.6	100.0	
연 령	20대 이하	90	20.1	20.1	최소: 19.0세
	30대(30-39)	90	20.1	40.2	최대: 75.0세
	40대(40-49)	160	35.7	75.9	평균: 41.0세
	50대(50-59)	90	20.1	96.0	
	60대 이상	18	4.0	100.0	
학 력	국졸(퇴) 이하	28	6.3	6.3	최소: 2.0년
	중졸(퇴)	58	12.9	19.2	최대: 18.0년
	고졸(퇴)	198	44.2	63.4	평균: 12.2년
	대졸(퇴) 이상	164	36.6	100.0	
종교 유무	없 음	58	12.9	12.9	
	있 음	390	87.1	100.0	
종교 유형	기독교	178	45.6	45.6	
	천주교	88	22.6	68.2	
	불 교	124	31.8	100.0	
종교참여수준	적극 참여한다	204	45.1	58.5	종교보유자 중
	보통이다	134	29.6	88.4	응답자(N=390)
	거의 참여못한다	52	11.5	100.0	
혼인상태	미 혼	100	22.3	22.3	
	기 혼	348	77.7	100.0	
7세자녀 유무	없 음	398	85.6	85.6	
	있 음	50	14.4	100.0	
가사분담자	없 음	316	90.8	90.8	
	있 음	32	9.2	100.0	
취업상태	미취업	326	72.8	72.8	
	취 업	122	27.2	100.0	
취업경력	없 음	128	39.8	39.8	평균: 6.23년
	있 음	194	60.2	100.0	최대: 43.0년
가구주의 직업	실직/퇴직	28	6.3	6.3	
	단순노무직	36	8.0	14.3	
	생산직	42	9.4	23.7	
	기술직	96	21.4	45.1	
	중간관리직	50	11.2	56.2	
	사무직	96	21.4	77.7	
	전문직/전문기술직	84	18.8	96.4	
	고위 관리직	8	3.6	100.0	
가구소득 (월 평균)	100만원 미만	26	5.8	5.8	평균: 209.9만원
	100 - 199만원	176	39.3	45.1	최대: 900.0만원
	200 - 299만원	138	30.8	75.9	최소: 30.0만원
	300만원 이상	108	24.1	100.0	

　　사회경제활동 양상은 현재 취업자가 27.2%, 미취업자가 72.8%로 나타났으며 미취업자들의 취업경력은 60.3%가 과거 취업경력이 있는 것으로 나타났다.

　　가구소득은 100만 원대가 39.3%, 200만 원대가 30.8%, 300만 원대 이상이 24.1%였고 100만원 미만은 5.8%였다.

　　가구주의 직업은 기술직과 사무직이 각각 21.4%, 전문직 18.8%, 중간관리직11.2%, 생산직 9.4%, 단순노무직 8.0%, 무직 6.3% 등으로 나타났다.

2. 자원봉사활동 수행 양상

　　자원봉사활동 수행 양상을 살펴보기 위해 관련 변수들을 분석한 결과는 〈표 Ⅳ.2〉와 같다.

　　자원봉사활동 지속 및 중단 상태를 살펴보면 자원봉사활동을 중단하고 있는 경우는 50.4%, 지속하고 있는 경우가 49.6%로 나타나 전체 1/2정도에 이르는 사람이 중도탈락하였다.

　　자원봉사기관은 재가노인복지센터 40.2%, 복지관 23.7%, 복지시설 17.4%, 기타(병원) 18.8%로 나타났다.

　　자원봉사활동 참여도를 월 평균 활동 회수를 통해 분석한 결과에서는 1-2회 26.8%, 3-4회 43.3%, 5-6회 14.0%, 7-8회 14.0%, 9회 이상 8.9%로 나타나 70%에 이르는 사람들이 월 4회 이하로 자원봉사활동에 참여한 것으로 평균 주 1회 정도 자원봉사활동을 수행한 것으로 나타났다.

　　1회당 평균 자원봉사활동 시간을 분석한 결과에서는 1-2시간이 30.9%, 3-4시간이 47.8%로, 대부분 4시간 이하의 단시간 동안 자원봉사활동을 수행하고 있음을 보여준다.

<표 Ⅳ.2> 자원봉사활동 수행 양상(N=448)

변 수	항 목	빈 도	백분율(%)	누적율(%)	비 고
지속여부	중 단	226	50.4	50.4	
	지 속	222	49.6	100.0	
자원봉사 기관	재가노인복지센터	180	40.2	40.2	
	복지관	106	23.7	63.8	
	복지시설	78	17.4	81.3	
	기 타	84	18.8	100.0	
횟 수 (월 평균)	1 - 2회	120	26.8	26.8	최소: 1.0회
	3 - 4회	194	43.3	70.1	최대: 20.0회
	5 - 6회	64	14.0	84.4	평균: 4.6회
	7 - 8회	30	6.7	91.1	
	9회 이상	40	8.9	100.0	
시 간 (1회 평균)	1 - 2시간	138	30.9	30.9	최소: 1.0시간
	3 - 4시간	214	47.8	78.7	최대: 15.0시간
	5 - 6시간	58	12.9	91.6	평균: 3.6시간
	7시간 이상	38	8.4	100.0	
자원봉사 동기	어려운 사람을 돕고자	142	31.7	31.7	
	종교활동의 차원에서	122	27.2	58.9	
	지역사회에 기여하고자	40	8.9	67.8	
	사회활동을 하고 싶어	80	17.9	85.7	
	관련 업무를 배우고자	64	14.3	100.0	
참여경로	자발적으로	184	41.1	41.1	
	주변인들의 권유로	82	18.3	59.4	
	단체활동의 일환으로	182	40.6	100.0	
이전 경험	없 음	200	44.6	44.6	
	있 음	248	55.4	100.0	
향후 지속 (재개)의향	전혀 없음	-	-	-	
	대체로 없는 편	4	0.9	0.9	
	그저 그렇다	6	1.3	2.2	
	대체로 높은 편	234	52.2	54.5	
	매우 높음	204	45.5	100.0	

　　자원봉사활동 참여 동기를 살펴보면 '어려운 사람을 돕고 싶어서' '종교활동의 일환에서' '지역사회에 기여하고자' 등의 이타주의적 동기에 입각한 경우가 67.8%인 반면, '사회활동을 하고 싶어' '관련 업무를 배우고 싶어' 등의 이기적 동기에 의해 참여한 경우는 32.2%에 불과한

것으로 나타나 이기주의적 측면보다는 이타주의적 측면이 자원봉사활동 참여의 주된 동기가 되었다.

자원봉사활동 참여경로에서는 '자발적으로 스스로 참여한 경우'가 41.1%, '단체(조직)'활동 차원에서 참여한 경우'가 40.6%, '주변인들의 권유로 참여한 경우'는 18.3%로 나타나 자발적인 활동의 일환 혹은 단체활동 일환으로 자원봉사활동 참여가 이루어졌음을 보여준다.

자원봉사활동 경험은 55.4%가 이전에도 자원봉사활동을 수행한 경험이 있는 것으로 응답한 반면, 44.6%는 경험이 없는 것으로 확인되어 절반 정도는 자원봉사활동 수행 경력을 지니고 있음을 보여준다.

향후에도 자원봉사활동을 지속(재개)하고자 하는 의향을 분석한 결과에서는 98%에 이르는 사람들이 지속 및 지속의향에 대해 적극적으로 분석되었다.

지속자와 중단자의 자원봉사활동 수행 양상에서의 차이를 비교 분석한 결과는 〈표 Ⅳ.3〉과 〈표 Ⅳ.4〉와 같다.

자원봉사활동 회수 및 시간에서 지속자 집단이 중단자 집단보다 많긴 하지만 통계적으로 유의미한 차이는 없는 것으로 확인되고 있다. 그렇지만 자원봉사활동 참여 동기와 참여 경로에 있어 P<.001, P<.01로 나타나 유의미한 차이가 있었다.

이타주의적 동기에서 자원봉사활동에 참여한 경우가 지속자 집단에서는 78.4%인 반면, 중단자 집단은 57.5%로 나타나 자원봉사활동을 지속하는 사람들일수록 이타주의적 동기에 의한 참여가 높음을 보여준다. 또한 참여경로에서도 지속자와 중단자간 유의미한 차이가 있는 것으로 나타났는데 자발적으로 참여한 경우가 지속자 집단은 49.5%인 반면 중단자 집단은 32.7%에 불과하여 지속자일수록 자원봉사활동 참여가 자발적으로 이루어지고 있음을 보여 준다.

자원봉사활동의 경험 및 향후 자원봉사활동 수행에 대한 태도에서는 유의미한 집단간 차이가 없는 것으로 확인되었다.

<표 Ⅳ.3> 자원봉사활동 양상의 차이(1)

자원봉사활동 양상	구 분	사례수	평 균	표준편차	T 값
자원봉사활동 회수(월평균)	중단자	226	4.1947	3.1506	-1.781
	지속자	222	5.0270	3.8078	
자원봉사활동 시간(1회평균)	중단자	226	3.5752	1.9030	-0.249
	지속자	222	3.6396	1.9623	
향후 자원봉사활동 지속(재개) 의향	중단자	226	4.3714	0.6296	-1.389
	지속자	222	4.4775	0.5018	

<표 Ⅳ.4> 자원봉사활동 양상의 차이(2)

개인 특성		자원봉사활동의 지속 여부			χ^2
		중단자	지속자	계	
자원봉사활동 참여 동기	이기적 동기	96(42.5%)	48(21.6%)	152(33.9%)	11.167***
	이타적 동기	130(57.5%)	174(78.4%)	304(66.1%)	
	계	226(50.4%)	222(49.6%)	448(100%)	
자원봉사활동 참여 경로	주변의 권유	152(67.3%)	112(50.5%)	264(58.9%)	6.535**
	자발적 참여	74(32.7%)	110(49.5%)	184(41.1%)	
	계	226(50.4%)	222(49.6%)	448(100%)	
자원봉사활동 경험	없 음	102(45.1%)	98(44.1%)	200(44.6%)	0.022
	있 음	124(54.9%)	124(55.9%)	248(55.4%)	
	계	226(50.4%)	222(49.6%)	448(100%)	

** p < .01   *** p < .001

이상의 분석 결과는 자원봉사활동 지속자와 중단자간에 자원봉사활동의 회수, 시간, 자원봉사활동의 경험 및 향후 자원봉사활동 수행의 태도 등에서는 별다른 차이가 없지만 자원봉사활동 동기 및 참여 경로에 있어서는 상당한 차이를 보여주어 자원봉사활동의 수행 양상보다는 오히려 참여 양상에서 두 집단이 상이하다는 점, 즉, 이타주의적 동기에 의하여 자원봉사활동에 참여한 경우일수록, 또한 자발적으로 참여한 경우일수록 지속 성향이 높다는 점을 시사한다.

3. 자원봉사활동 지속에 영향을 미치는 개인특성간 차이

자원봉사활동의 지속자와 중단자는 어떠한 특성 차이를 지니고 있는 것인가를 알아보기 위해 자원봉사활동 지속 및 중단의 영향요인 분석에 앞서 자원봉사활동 수행 양상 및 개인적 특성, 자원봉사활동의 조직적 특성에서 지속자와 중단자가 어떠한 차이를 나타내는지를 집단간 평균 차이검증(T-test)과 교차분석(Cross-tab)을 통해 검토해 보았다.

자원봉사활동 지속자와 중단자 집단들의 개인적 특성 차이를 살펴보기 위해, T-검증 및 교차분석(Cross-tab)한 결과는 〈표 Ⅳ.5〉, 〈표 Ⅳ.6〉과 같다.

두 집단의 평균 연령을 살펴보면, 지속자 집단의 평균 연령은 44.6세로 중단자 집단의 평균 연령 37.6세에 비해 7세 정도 높은 것으로 분석되었고 이와 같은 연령차이는 통계적으로도 유의미한 차이인 것으로 검증되었다. 이는 연령이 높을수록 자원봉사활동 지속 성향이 높음을 시사한다.

두 집단의 학력을 비교 분석한 결과에서도 집단간 유의미한 차이가 나타났다. 그러나 기존 서구 연구들 특히 사회주도층 이론에서 제기하였던 예상과는 상반되게 본 조사에서는 지속자 집단의 평균 교육년수 (11.5년)가 중단자 집단(12.8년)에 비해 오히려 낮게 나타났는데, 이는 학력이 낮을수록 자원봉사활동 지속 성향이 높다는 점을 보여준다.

연령, 학력 등과는 달리 인적 자원 요소의 하나인 취업경력에서 두 집단간 유의미한 차이는 없는 것으로 확인되었다. 물론 지속자의 취업경력이 상대적으로 높게 나타났지만 두 집단간 취업경력의 차이는 통계적으로 유의미하지 못한 것으로 검증되었다. 인적 자원 요소들과는 달리 태도 관련 요인에서는 두 집단간 차이는 크지 않은 것으로 확인되었다. 종교를 갖고 있는 비율이 지속자 집단은 90.1%, 중단자 집단은 84.1%로 지속자 집단이 높게 나타났지만 유의미한 상관성을 지니지 못하였다. 신앙활동 수준에서도 지속자 집단과 중단자 집단의 차이는 통계적으로 유의미하지 않은 것으로 분석되었다.

〈표 IV.5〉 개인적 특성의 차이(1)

개 인 특 성	구 분	사례수	평 균	표준편차	T 값
연 령	중단자	226	37.5929	11.1769	-4.671***
	지속자	222	44.5676	11.1686	
학 력 (교육년수)	중단자	226	12.8319	2.6046	3.536***
	지속자	222	11.5135	2.9661	
취업경력	중단자	226	5.8407	6.3704	-0.850
	지속자	222	6.6216	7.3498	
신앙수준	중단자	190	2.3684	0.7587	-0.407
	지속자	200	2.4100	0.6681	
가구소득(월평균)	중단자	220	216.82	119.60	0.888
	지속자	222	203.12	109.32	
가족의 지지도	중단자	226	3.7168	0.9109	-3.143**
	지속자	222	4.0631	0.7296	
주변인 인지도	중단자	226	2.3982	0.7139	-4.384***
	지속자	222	2.8108	0.6943	
주변인 지지도	중단자	210	3.6667	0.7926	-3.372***
	지속자	218	4.0092	0.6871	

** p 〈 .01   *** p 〈 .001

〈표 IV.6〉 개인적 특성의 차이(2)

개인 특성		자원봉사활동의 지속 여부			χ^2
		중단자	지속자	계	
종교 유무	없 음	36(15.9%)	22(9.9%)	58(12.9%)	1.800
	있 음	190(84.1%)	200(90.1%)	390(87.1%)	
	계	226(50.4%)	222(49.6%)	448(100%)	
직업 유무	비취업	144(63.7%)	182(82.0%)	326(72.8%)	9.427**
	취 업	82(36.3%)	40(18.0%)	122(27.2%)	
	계	226(50.4%)	222(49.6%)	448(100%)	
혼인 상태	미 혼	70(31.0%)	30(13.5%)	100(22.3%)	9.845**
	기 혼	156(69.0%)	192(86.5%)	348(77.7%)	
	계	226(50.4%)	222(49.6%)	448(100%)	
7세미만 자녀 유무	없 음	136(87.2%)	162(84.4%)	298(85.6%)	0.275
	있 음	20(12.8%)	30(15.6%)	50(14.4%)	
	계	156(50.4%)	192(49.6%)	348(100%)	
가사분담자	없 음	142(91.0%)	174(90.6%)	316(90.8%)	0.008
	있 음	14(9.0%)	18(9.4%)	32(9.2%)	
	계	156(50.4%)	192(49.6%)	348(100%)	

** p 〈 .01

　지속자와 중단자 두 집단간 가구소득 수준의 차이를 분석한 결과에서도 유의미한 차이가 없는 것으로 검증되어 사회적 배경의 측면에서 지속자와 중단자의 특성은 별다른 차이가 없음을 보여준다.

　반면 지속자와 중단자들은 사회활동 여건 면에서는 두드러진 차이가 있는 것으로 확인되어 흥미롭다. 취업자 비율은 중단자 집단이 36.3%, 지속자 집단이 18.0%로 나타났고 혼인상태에서 기혼자 비율은 중단자 집단이 69.0%인 반면 지속자 집단은 86.5%로 나타나 중단자일수록 상대적으로 미혼이고 직업을 갖고 있는 경우가 많음을 시사하여 준다. 이는 반대로 자원봉사활동 지속자일수록 직업을 갖고 있지 않은 기혼자들이 많음을 의미하여 시간활용 여유가 많은 사람일수록 자원봉사활동 지속 성향이 높음을 보여준다. 그렇지만 7세미만 자녀의 유무 및 가사 분담자의 유무에서는 뚜렷한 차이가 없는 것으로 검증되어 두 집단내 기혼여성의 자원봉사활동 여건은 크게 다르지 않는 것으로 평가된다.

　자원봉사자의 자원봉사활동에 대한 가족 및 주변인의 태도에서도 지속자 집단과 중단자 집단간 현격한 차이가 있는 것으로 확인되었다. 지속자 집단은 중단자 집단에 비해 자원봉사활동 수행에 대한 가족의 지지도와 주변인의 인지도 및 지지도가 상대적으로 높은 것으로 나타났고, 특히 주변인의 인지도와 지지도는 통계적으로도 차이가 있는 것으로 분석되고 있다. 이는 가족 및 주변인의 태도가 호의적일수록 자원봉사활동 지속 성향이 높음을 의미하는 것으로 이와 같은 요인 역시 자원봉사활동 지속 및 중단에 관련 요인으로 작용할 수 있음을 시사한다.

　이상에서 살펴본 결과들은 자원봉사활동 지속자와 중단자간 개인특성에 있어서 상당한 차이가 있었다. 특히 인적 자원 측면(연령, 학력)과 사회활동 여건의 측면(직업유무, 혼인상태, 주변인들의 태도)에서 두드러진 차이를 지니고 있다.

4. 자원봉사활동 지속에 영향을 미치는 조직특성간 차이

"자원봉사활동 지속자와 중단자가 자원봉사활동을 수행하던 기관의 특별한 차이가 있는지", "만약 차이가 있다면 어떤 측면에서 차이가 있는 지"를 구명하기 위해 두 집단 자원봉사자들이 자원봉사활동을 수행한 기관의 특성 차이를 물리적 환경과 조직 풍토, 자원봉사자 관리 양상, 조직 내 관계망의 측면에서 분석하였다. 분석 결과를 검토하면 다음과 같다.

1) 물리적 환경과 조직풍토의 차이

자원봉사활동 지속자 집단과 중단자 집단이 각각 자원봉사활동을 수행하였던 기관의 물리적 환경 및 조직풍토상 차이를 검증하여 본 결과는 〈표 Ⅳ.7〉에 나타난 바와 같이 두 집단의 자원봉사기관의 특성은 상당한 차이가 있는 것으로 확인되었다.

〈표 Ⅳ.7〉 자원봉사기관의 물리적 환경과 조직풍토의 차이

자원봉사기관의 특성	구 분	사례수	평 균	표준편차	T 값
기관 규모(종사직원 수)	중단자	222	14.8288	11.9249	-2.406**
	지속자	220	20.5273	21.8186	
기관 역사(설립년수)	중단자	216	11.3796	9.2127	0.314
	지속자	214	10.9439	11.0315	
지역사회 내기관지명도	중단자	226	3.8850	0.8940	-3.274***
	지속자	222	4.2523	0.7801	
기관 접근성 (이동소요시간: 분)	중단자	226	37.7522	26.8183	0.269
	지속자	222	36.7928	26.5987	
조직 분위기	중단자	226	3.5221	0.7917	-2.853**
	지속자	222	3.8018	0.6718	
조직 소속감	중단자	226	3.1593	1.1306	-4.945***
	지속자	222	3.8288	0.8829	
기관의 전반적 처우의 만족도	중단자	226	3.2478	0.8187	-3.695***
	지속자	222	3.6486	0.8051	

** p 〈 .01   *** p 〈 .001

자원봉사기관 규모에서 두 집단은 유의기한 차이가 있는 것으로 확인되었는데 지속자일수록 직원 수가 많은 대규모 기관에서 자원봉사활동을 수행하는 것으로 나타났다.

지역사회 내 기관 지명도에서도 두 집단은 통계적으로 유의미한 차이를 지닌 것으로 검증되었는데 자원봉사활동 지속자가 중단자에 비해 지역사회 내 지명도가 더욱 높은 기관에서 자원봉사활동을 수행하는 것으로 확인되었다.

반면 자원봉사기관의 역사 혹은 기관의 접근성 측면에서는 차이가 없는 것으로 확인되었다.

자원봉사기관의 조직풍토에서는 상당한 차이가 있는 것으로 나타났다.

5점 척도로 측정한 자원봉사기관 조직풍토에 대한 응답에서 지속자의 조직풍토에 대한 점수는 중단자에 비해 통계적으로 유의미하게 높게 나타났는데 이는 지속자일수록 보다 나은 조직풍토를 가진 자원봉사기관에서 자원봉사활동을 수행하고 있음을 의미한다. 즉, 지속자의 자원봉사기관이 중단자의 자원봉사기관에 비해 조직분위기가 더욱 우호적이고 자원봉사자의 처우가 더욱 만족스러운 것으로 그리고 조직에 대한 소속감을 더욱 강하게 느끼도록 하는 등 한층 더 나은 조직풍토를 지니고 있음을 시사하여 준다.

2) 자원봉사자관리 양상의 차이

지속자와 중단자의 자원봉사기관 특성의 차이를 자원봉사자 관리 양상의 측면에서 분석한 결과는 〈표 Ⅳ.8〉, 〈표 Ⅳ.9〉와 같다.

교육훈련 관리 측면을 살펴보면 교육 이수율, 교육회수, 교육기간, 교육내용에서 지속자 집단의 평균 점수가 중단자 집단의 평균 점수보다 높게 나타나 지속자의 자원봉사기관이 교육·훈련에 더욱 적극적임을 보여준다. 즉, 관련 교육을 이수하도록 관리한 자원봉사기관의 비율은 중단자 집단이 82.3%인데 비해 지속자 집단은 90.1%로 나타나 지속자의 자원봉사기관이 관련 교육에 더 적극적이었다.

교육회수는 중단자의 경우는 3.2회인데 비해 지속자의 경우는 4회로, 또한 총 교육기간도 중단자의 경우 17일에 비해 지속자의 경우는 19일로 나타나 지속자의 경우 교육의 회수와 교육기간에서 중단자의 경우보다 적극적임을 보여준다. 교육의 질에서도 지속자의 자원봉사기관의 평균 점수는 4.23으로 4.15에 불과한 중단자의 자원봉사기관보다 높게 나타나 교육·훈련의 질 역시 보다 나았음을 보여준다.

〈표 Ⅳ.8〉 조직관리에서의 차이(1)

자원봉사기관의 특성	구 분	사례수	평 균	표준편차	T 값
교육회수	중단자	186	3.0215	2.5108	2.498**-
	지속자	202	4.0099	2.9950	
교육기간(일)	중단자	186	17.0323	18.5369	-0.698
	지속자	202	19.2772	25.3898	
교육내용의 질(만족도)	중단자	186	4.1505	0.6246	-0.975
	지속자	202	4.2376	0.6188	
직무의 적합성	중단자	226	3.6283	0.7814	-4.049***
	지속자	222	4.0360	0.7252	
직무부담도	중단자	226	3.6549	0.8213	-1.682
	지속자	222	3.8288	0.7246	
직무만족도	중단자	226	3.9469	0.7540	-1.979*
	지속자	222	4.1261	0.5896	
직무 지도감독의 빈도	중단자	184	3.2283	0.8908	-2.168*
	지속자	198	3.5051	0.8733	
직무 지도감독의 만족도	중단자	184	3.4130	0.7866	-3.879***
	지속자	198	3.8384	0.7243	
물질적 보상체계 만족도	중단자	74	3.4324	0.8988	-1.453
	지속자	104	3.6923	0.7806	
비물질적 보상체계 만족도	중단자	120	3.5167	0.8924	-2.166*
	지속자	152	3.8289	0.7552	

* p ⟨ .05 ** p ⟨ .01 *** p ⟨ .001

이와 같은 측면들 중에서 유의미한 차이를 지닌 것으로 검증된 부분은 교육회수에 국한되어 지속자와 중단자의 자원봉사기관들 간 교육·훈련 관리 양상의 차이는 결과적으로 두드러지지 않는 것으로 평가된다.

한편 교육·훈련과는 달리 직무관리에 있어서는 지속자의 자원봉사기관과 중단자의 자원봉사기관 간 차이가 두드러진다. 직무배치의 적합성을 5점 척도로 설문한 결과 지속자 집단의 평균 점수는 4.03, 중단자 집단의 평균 점수는 3.62로 나타났고, 이와 같은 차이는 유의미하게 검증되어 지속자 자원봉사기관에서의 직무배치가 더욱 적합하게 이루어지고 있음을 알 수 있다.

〈표 Ⅳ.9〉 조직관리에서의 차이(2)

자원봉사기관의 특성		자원봉사활동의 지속 여부			χ^2
		중단자	지속자	계	
교육 이수 경험	없 음	40(17.7%)	22(9.9%)	62(13.8%)	2.849
	있 음	186(82.3%)	200(90.1%)	386(86.2%)	
	계	226(50.4%)	222(49.6%)	448(100%)	
희망직무에의 직무배치	없 음	136(60.2%)	72(32.4%)	208(46.4%)	17.330***
	있 음	90(39.8%)	150(67.6%)	240(53.6%)	
	계	226(50.4%)	222(49.6%)	448(100%)	
적성파악 후 직무배치	없 음	158(69.9%)	112(50.5%)	270(60.3%)	8.856**
	있 음	68(30.1%)	110(49.5%)	178(39.7%)	
	계	226(50.4%)	222(49.6%)	448(100%)	
전담직원의 보유	없 음	42(18.6%)	26(11.7%)	68(15.2%)	2.054
	있 음	184(81.4%)	196(88.3%)	380(84.8%)	
	계	226(50.4%)	222(49.6%)	448(100%)	
물질적 보상	없 음	152(67.3%)	118(53.2%)	270(60.3%)	*4.651**
	있 음	74(32.7%)	104(46.8%)	178(39.7%)	
	계	226(50.4%)	222(49.6%)	448(100%)	
현금 보상	없 음	198(87.6%)	204(91.9%)	402(89.7%)	1.114
	있 음	28(12.4%)	18(8.1%)	46(9.3%)	
	계	226(50.4%)	222(49.6%)	448(100%)	
현물 보상	없 음	168(74.3%)	124(55.9%)	292(65.2%)	8.426**
	있 음	58(25.7%)	98(44.1%)	156(34.8%)	
	계	226(50.4%)	222(49.6%)	448(100%)	
비물질적 보상	없 음	112(49.6%)	70(31.5%)	182(40.6%)	7.543**
	있 음	114(50.4%)	152(68.5%)	266(59.4%)	
	계	226(50.4%)	222(49.6%)	448(100%)	

* $p < .05$ ** $p < .01$ *** $p < .001$

직무배치의 절차에서도 두 집단의 자원봉사기관은 상당한 차이를 지닌 것으로 나타났는데 자원봉사기관에서 자원봉사자의 희망직무에 직무배치를 하여준 경우가 중단자 집단은 39.8%에 불과한 반면 지속자 집단은 67.6%로 분석되고 있다. 또한 적성파악을 하여 직무배치를 한 경우에도 중단자 집단은 30.1%인데 비해 지속자 집단은 49.5%로 나타나 직무배치 방식에서도 두 집단의 소속 기관들 간 상당한 차이를 확인하여 준다.

직무 만족도에서도 두 집단은 상당한 차이를 보였는데 5점 척도로 측정된 직무만족도 점수가 중단자 집단의 경우는 평균 3.94에 불과한 반면 지속자 집단은 4.12로 분석되어 지속자 집단 자원봉사기관이 직무관리를 더욱 잘 하고 있음을 보여준다.

두 집단의 자원봉사기관은 직무지도에서도 상당한 차이가 있는 것으로 검증되고 있다. 즉, 분석 결과에서 지속자 집단 자원봉사기관의 직무지도 빈도 및 직무지도 만족도가 통계적으로 유의미한 수준에서 더욱 높게 나타나 지속자 집단 자원봉사기관이 직무지도 감독에 있어서도 보다 적극적임을 시사하여 준다.

이상의 분석 결과들은 두 집단 자원봉사기관들 간 직무관리 양상이 상당한 차이가 나타남을 확인할 수 있었다. 특히 직무배치 양상 및 직무지도 감독 양상에서 현격한 차이가 있음을 보여주었다.

두 집단 자원봉사기관에서 자원봉사활동에 대한 보상관리 실태를 살펴보면 보상관리 양상 역시 현격한 차이가 있음이 확인되었다. 즉, 지속자 집단의 자원봉사기관이 자원봉사활동에 대한 물질적 보상(특히 현물보상)뿐만 아니라 비물질적 보상에 보다 적극적인 것으로 나타났다. 물질적 보상체계를 지닌 자원봉사기관이 지속자 집단의 경우는 46.8%에 이르는 반면 중단자 집단은 32.7%에 불과한 것으로 나타나 자원봉사활동 수행 여건 조성에 지속자 집단 자원봉사기관들이 더욱 적극적임을 시사하여 준다. 특히 이와 같은 물질적 보상의 차이는 식사 서비스, 차량 서비스 제공 등의 현물보상 측면에서 더욱 두드러진 것으로 확인되고 있다. 또한 지속자 집단 자원봉사기관의 현물보상은 44.1%, 중단자 집단 자원봉사기관의 현물보상은 25.6%로 나타났다.

모범 자원봉사자 표창 및 집단 야유회 등 비물질적 보상에서도 지속자 집단 자원봉사기관이 더욱 적극적인 것으로 확인되었다. 즉, 지속자 집단 자원봉사기관들에서 이와 같은 보상체계 보유율은 68.7%로 나타나 50.4%에 불과한 중단자 집단에 비해 18% 정도나 높은 것으로 확인되었고 이들 보상체계의 만족도 점수 또한 지속자 집단이 중단자 집단에 비해 상대적으로 높게 나타나 비물질적 보상 또한 지속자 집단 자원봉사기관에서 더욱 적극적으로 이루어지고 있음을 보여준다. 이상의 분석 내용들은 지속자와 중단자 집단 자원봉사기관들에서의 자원봉사자 관리 양상이 현격한 차이를 지니고 있음을 특히 직무관리 및 보상관리에서 그 차이가 두드러지게 나타나고 있음을 보여준다.

3) 조직 내 관계망에서의 차이

조직 내 관계망의 측면에서 지속자와 중단자의 자원봉사기관들 간 차이를 분석한 결과는 〈표 Ⅳ.10〉, 〈표 Ⅳ.11〉과 같다.

조직 내 직원들과의 관계를 살펴보면 지속자 집단 자원봉사기관이 중단자 집단 자원봉사기관에 비해 자원봉사자와 직원간 지지적 관계형성이 더욱 잘 이루어지고 있음을 확인할 수 있다. 직원들과의 지지적 관계형성 수준을 5점 척도로 설문 분석한 결과, 전담직원 및 일반직원과의 업무적, 정서적 차원에서의 지지적 관계의 평균 점수가 지속자 집단이 중단자 집단에 비해 높게 나타났고 그 차이는 통계적으로도 유의미한 것으로 검증되어 지속자 집단 자원봉사기관에서 직원과의 관계망이 더욱 원활함을 보여준다.

<표 Ⅳ.10> 조직 내 관계망에서의 차이(1)

자원봉사기관의 특성	구 분	사례수	평 균	표준편차	T 값
전담직원과의 업무적 지지관계	중단자	184	3.7500	0.8204	−2.157*
	지속자	198	3.9899	0.7070	
직원과의전담 정서적 지지관계	중단자	184	3.7609	0.7896	−2.840**
	지속자	198	4.0707	0.7179	
직원들과의 업무적 지지관계	중단자	226	3.5310	0.7685	−3.238***
	지속자	222	3.8468	0.6902	
직원들과의 정서적 지지관계	중단자	226	3.6903	0.7569	−1.100
	지속자	222	3.8018	0.7606	
자원봉사자에 대한 직원들의 태도	중단자	226	3.6637	0.8303	−1.917
	지속자	222	3.8739	0.8104	
대상자들과의 업무적 지지관계	중단자	226	3.8407	0.6206	−0.623
	지속자	222	3.8919	0.6083	
대상자들과의 정서적 지지관계	중단자	226	3.8673	0.7259	−0.370
	지속자	222	3.9009	0.6318	
자원봉사자에 대한 대상자들의 태도	중단자	226	3.8938	0.7719	−1.673
	지속자	222	4.0631	0.7420	
동료 자원봉사자 와의 지지적 관계	중단자	226	3.3628	1.0696	−3.826***
	지속자	222	3.8739	0.9256	
친목모임 참여도	중단자	78	2.8205	1.4303	−4.311***
	지속자	104	3.9808	1.0192	

* p 〈 .05   ** p 〈 .01   *** p 〈 .001

대상자와의 관계망은 두 집단 자원봉사기관들 간 현격한 차이가 없는 것으로 확인되었다. 물론 대상자와의 업무적, 정서적 지지관계 및 자원봉사자에 대한 대상자의 태도 등이 지속자 집단 자원봉사기관이 상대적으로 더 나은 것으로 대상자와의 관계망 역시 이들 기관이 더욱 원만한 것으로 나타나긴 하였지만 통계적으로는 유의미하지 않다. 지속자 집단 자원봉사기관에서의 자원봉사자들 간 관계망은 중단자 집단 자원봉사기관과 상당한 차이가 있는 것으로 확인되었다.

〈표 Ⅳ.11〉 조직 내 관계망에서의 차이(2)

개인 특성		자원봉사활등의 지속 여부			χ^2
		중단자	지속자	계	
직원과의 갈등 경험	없 음	184(81.4%)	180(81.1%)	364(81.3%)	0.004
	있 음	42(18.6%)	42(18.9%)	84(18.7%)	
	계	226(50.4%)	222(49.6%)	448(100%)	
친분있는 동료 자원봉사자 유무	없 음	130(57.5%)	90(40.5%)	220(49.1%)	6.461**
	있 음	96(42.5%)	132(59.5%)	228(50.9%)	
	계	226(50.4%)	222(49.6%)	448(100%)	
친밀한 동료 자원봉사자의유무	없 음	96(42.5%)	68(30.6%)	164(36.6%)	3.387
	있 음	130(57.5%)	154(69.4%)	284(73.4%)	
	계	226(50.4%)	222(49.6%)	448(100%)	
자원봉사자들 간 친목모임유무	없 음	148(65.5%)	132(59.5%)	280(62.5%)	0.868
	있 음	78(34.5%)	90(40.5%)	168(37.5%)	
	계	226(50.4%)	222(49.6%)	448(100%)	

** $p < .01$

동료 자원봉사자들과의 지지적 관계 점수는 지속자 집단 3.87, 중단자 집단이 3.36으로 또한 친분 있는 자원봉사자 코유율은 지속자 집단 59.5%, 중단자 집단이 42.5%로서 통계적으로 유의미한 차이가 검증되었다.

친밀 자원봉사자 유무 및 친목모임 유무도 지속자 집단의 자원봉사 기관이 높게 나타났으나 통계적으로는 유의미하지 않았다.

따라서 이상의 기관 내 조직관계망에 대한 분석 결과들은 "조직 내 관계망이 긴밀하게 형성된 기관일수록, 자원봉사활동 지속 성향이 높다는 점"을 시사하는 것으로 조직 내 관계망 양상이 자원봉사활동의 지속 및 중단에 커다란 영향을 미칠 수 있음을 함축하고 있다.

5. 자원봉사활동 지속에 미치는 영향

자원봉사자의 개인적 특성 및 자원봉사기관의 조직적 특성은 자원봉사활동 지속 및 중단에 어떠한 영향을 미치는 것인가를 알아보기 위해 자원봉사활동 지속 및 중단을 종속변수로 설정하고, 개인특성 및 조직특성 요인들을 독립변수로 투입하여 로지스틱 회귀분석한 결과를 토대로 관련 요인들이 자원봉사활동 지속 및 중단에 미치는 실제적 영향을 살펴보고자 한다.

1) 자원봉사자 개인적 특성 요인

자원봉사자의 개인적 특성 요인들이 자원봉사활동 지속 및 중단에 미치는 영향을 회귀분석한 결과는 〈표 Ⅳ.12〉와 같다.

본 연구의 분석결과에서는 연령, 취업경력은 유의미한 영향이 없는 것으로, 반면 학력은 부적인 영향을 지닌 것으로 나타나 이와 같은 인적 자원론의 가설이 우리나라의 자원봉사활동 전개 양상의 설명에는 적합하지 못한 것으로 나타났다.

인적 자원 요인과 마찬가지로 사회적 배경 요인 역시 자원봉사활동 지속 및 중단에 별다른 영향을 미치지 못하는 것으로 확인되었다. 즉, 서구의 기존 연구들에서는 사회주도층 이론에 입각하여 사회적 배경이 좋을수록 자원봉사활동에 적극적인 것으로 주장되고 있고 경험적 연구들에서도 이와 같은 가설들이 지지되는 것으로 검증되고 있으나 본 연구의 분석 결과에서는 성별, 가구주의 직업, 가구소득 등은 자원봉사활동의 지속 및 중단에 유의미한 영향을 미치지 못한 것으로 나타났다.

이와 같은 분석 결과는 사회주도층 이론 역시 우리나라의 자원봉사활동 전개 양상의 설명에는 설득력이 미흡하다는 점을 보여준다.

〈표 Ⅳ.12〉 개인적 특성 요인(로지스틱 회귀분석)(N = 424)

영　역	하위 요인	종속변수: 지속(1)/중단(0) 여부			
		B	S.E	Wald	R
인적 자원 요인	연　령	−.0353	.0237	2.2259	.0277
	학　력	−.1332(*)	.0713	3.4890	−.0712
	취업경력	.0284	.0292	.9457	.0000
사회적 배경 요인	성　별	−.6097	.7051	.7478	.0000
	가구주의 직업지위	.0372	.0965	.1488	.0000
	가구소득	.0010	.0016	.4046	.0000
사회활동 요인	혼인상태	−.5974	.6238	.9171	.0000
	요보호자녀의 보유	−.6012	.5555	1.1712	.0000
	가사분담자의 보유	.6228	.6498	.9185	.0000
	직업보유	−1.1784**	.3918	9.0455	−.1549
	가족의 지지도	.1903	.2314	.6760	.0000
	주변인들의인지도	.6178*	.2791	4.8984	.0993
	주변인들의 지지도	.2120	.2533	.7003	.0000
동기 및 태도 요인	종교보유	−.0124	.5025	.0006	.0000
	자원봉사활동 동기	.8358*	.3736	5.0040	.101
	자원봉사활동의 경험	−.1425	.3330	.1830	.0000
상수항	−2.7602				
Model Chi-Square	52.599***				
예측 정확률	70.28%				

(*) p〈0.1　*p〈0.05　** P〈0.01　*** P〈0.001

　반면 앞의 요인들과는 달리 사회활동 요인들은 자원봉사활동 지속 및 중단에 중요하게 영향을 미치는 것으로 확인되었다.

　혼인상태나 가족구성(7세미만 자녀 및 가사분담자의 유무) 등은 자원봉사활동 지속 및 중단에 별다른 영향을 미치지 못하는 것으로 나타났지만 직업유무 및 주변인들의 인식과 태도는 자원봉사활동 지속 및 중단에 밀접하게 관련된 것으로 나타났다. 직업유무의 영향은 자원봉사활동 지속에 부적인 영향을 미치는 것으로 나타나 직업이 있는 사람은 활동시간의 제약을 가져와 자원봉사활동 수행을 지속하지 못하도록 하는 제약 요인이 되고 있음을 보여준다.

자원봉사활동 수행에 대한 주변인들의 인지도는 자원봉사활동의 지속적 수행에 긍정적인 영향을 미치는 요인으로 분석되었다. 자원봉사활동 수행에 대한 가족 및 주변인들의 지지적 태도는 자원봉사활동 지속에 정적인 영향을 미치나 통계적으로 유의미하지 않았다. 가족 및 주변인들의 지지적 태도 역시 자원봉사활동 지속에 어느 정도 관련되어 있음을 보여 준다.

자원봉사활동의 동기 역시 자원봉사활동 지속에 중요하게 영향을 미치는 것으로 나타났다. 물론 동기 및 태도 요인에서 종교 유무와 자원봉사활동 경험은 자원봉사활동 지속 및 중단에 별다른 영향을 미치지 못하는 것으로 나타나긴 하였지만 자원봉사활동 동기(이타주의적 동기)는 자원봉사활동 지속에 강력하게 유의미한 영향을 미치고 있는 것으로 나타났다. 이는 자원봉사활동 참여가 이타주의적 동기에 입각한 사람일수록 그렇지 않은 사람들에 비해 자원봉사활동 지속 성향이 높다는 점을 의미하는 것으로 자원봉사자의 동기 역시 자원봉사활동 지속 및 중단 결정에 매우 중요하게 관련된 개인특성 요인임을 시사하고 있다.

이상에서 살펴 본 분석결과에 의하면, 자원봉사활동의 지속 및 중단은 개인특성 요인 특히, 자원봉사활동 수행 여건과 관련된 사회활동 요인 및 자원봉사활동 동기 등의 요인들에 의해 규정되고 있음을 알 수 있다.

2) 자원봉사기관 조직특성 요인들의 영향

자원봉사활동의 지속 및 중단은 자원봉사자 개인적 특성뿐만 아니라 자원봉사활동을 수행하는 기관의 조직적 특성에 의해서도 중요하게 영향을 받을 것으로 가정되고 있다. 그렇다면 실제로 자원봉사기관의 조직적 특성 요소들은 자원봉사활동 지속 및 중단에 어떠한 영향을 미치고 있는 것인가를 살펴보기로 한다.

자원봉사기관의 조직특성 요인들을 물리적 환경과 조직풍토, 자원봉사자의 직무관리양상, 조직 내 관계망 요인들로 분류하여 자원봉사기관 조직적 특성의 영향을 분석한 결과는 〈표 Ⅳ.13〉과 같다.

자원봉사기관의 물리적 환경 및 조직풍토 관련 요인들 중 자원봉사기관의 규모, 기관 지명도, 조직 분위기, 기관에서의 자원봉사자에 대한 처우는 유의미하지 않게 나타나 오직 자원봉사기관 자원봉사자의 조직소속감 만이 유의미한 영향을 미치는 것으로 나타났다. 조직소속감의 긍정적 영향은 자원봉사활동 지속 및 중단에 자원봉사기관 조직풍토의 영향이 강력함을 시사하여 주는 부분이다. 즉, 조직소속감을 강하게 느끼는 조직 풍토가 조성되어 있는 기관에서는 자원봉사활동 지속 성향이 매우 높다는 것을 의미하는 것으로 자원봉사활동 지속성 제고를 위해서는 조직풍토의 개선에 높은 관심을 표명하여 준다.

자원봉사자에 대한 관리가 자원봉사활동 지속 및 중단에 미치는 영향에서는 직무관리의 중요성을 제시하여 주고 있다. 자원봉사자에 대한 교육훈련 관리 요소들이 자원봉사활동의 지속 및 중단에 별다른 영향을 미치지 못하는 것과는 달리 자원봉사자의 직무관리 양상에서는 자원봉사활동 지속에 매우 커다란 영향을 미치는 것으로 확인되었다. 즉, 직무적합성은 자원봉사활동 지속에 정적으로 유의미한 영향을 미치는 것으로 분석되어 자원봉사기관에서의 자원봉사자 직무배치의 적합성이 자원봉사활동 지속 및 중단 결정어 중요한 요인으로 작용하고 있음을 보여준다.

직무지도의 만족도 역시 자원봉사활동 지속에 유의미한 영향을 미치는 것으로 나타나 적합한 직무배치 및 적절한 직무지도 감독 역시 자원봉사활동 지속성 제고를 위해 필요한 자원봉사자관리 요인임을 시사한다.

〈표 Ⅳ.13〉 자원봉사기관 조직적 특성 요인(로지스틱 회귀분석) (N=330)

영 역	하 위 요 인	종속변수: 지속여부			
		B	S.E	Wald	R
물리적 환경 및 조직풍토	기관의 규모	.0478	.0602	.6314	.0000
	기관의 역사	−.0289	.0204	2.0051	−.0047
	기관 지명도	.2539	.2772	.8391	.0000
	기관 접근성	.0061	.0076	.6512	.0000
	조직 분위기	.2009	.4552	.1949	.0000
	조직 소속감	.6306**	.2563	6.0528	.1333
	기관의 전반적 처우	.0323	.4024	.0065	.0000
직무관리 (자원봉사자 관리)	교육 이수	−9.9074	22.2799	.1977	.0000
	교육내용 만족도	−.1553	.3495	.1975	.0000
	직무적합성	.8047**	.3338	5.8109	.1293
	직무배치(적성파악)	.5597	.4489	1.5544	.0000
	직무부담도	.4556	.3207	2.0183	.0090
	직무만족도	−.6872	.4593	2.2387	−.0324
	직무지도의 만족도	.6903(*)	.3725	3.4335	.0793
	물질적 보상(현금)	−.7695	.6345	1.4166	.0000
	물질적 보상(현물)	.6944	.4660	2.2203	.0311
	비물질적 보상	.4181	.4617	.8203	.0000
조직 내 관계망	전담직원과 업무관계	−.5159	.5204	.9828	.0000
	전담직원과 정서관계	.6499	.4884	1.7703	.0000
	직원과의 업무적관계	.1160	.4838	.0575	.0000
	직원과의 정서적관계	1.2457**	.4892	6.4834	.1402
	대상자와 업무적관계	.0674	.5250	.0164	.0000
	대상자와 정서적관계	−.0327	.4624	.0050	.0000
	자원봉사자와의 관계	.3713	.2404	2.3850	.0411
	친분있는 자원봉사자	.0973	.4272	.0519	.0000
	자원봉사자간 모임	−.4754	.4675	1.0340	.0000
상수항		3.5493			
Model Chi-Square		63.144***			
예측 정확률		75.76%			

(*) p<0.1　* p<0.05　** p<0.01　*** p<0.001

　　그러나 직무관리 요인 중 직무배치 방식, 직무부담, 직무만족은 자원
봉사활동 지속 및 중단 결정에 유의미한 영향을 미치지 못한 것으로 나
타나 자원봉사기관의 자원봉사자 직무관리에 대한 적극적인 필요성을

제기하고 있다. 또한 자원봉사활동에 대한 보상관리 요인들은 자원봉사활동 지속 및 중단에 유의미한 영향을 미치지 못한 것으로 나타났다.

조직 내 관계망 요인들에서는 전담 직원, 동료 자원봉사자 및 대상자와의 관계는 통계적으로 유의미하지 않은 것으로 나타났으며 오직 일반직원들과의 정서적 관계만이 자원봉사활동 지속에 유의미한 영향을 미치는 것으로 나타나 직원과 자원봉사자간의 관계망이 자원봉사활동 지속에 매우 중요하게 관련되어 있음을 보여준다.

이상에서 살펴본 분석결과들은 자원봉사활동 지속 및 중단에 자원봉사기관의 조직특성 역시 중요하게 관련되고 있음을 보여주어 자원봉사활동의 지속 및 중단에 대한 새로운 인식을 제기하여 준다. 즉, 자원봉사활동 지속 및 중단이 자원봉사자의 개인적 특성에 의존된 양상이라기보다는 자원봉사기관의 조직풍토, 자원봉사자 관리, 조직 내 관계망 등의 조직적 맥락에서 발생된 문제임을 시사하여 주는 점에 있어서 괄목할 만한 부분이다.

3) 개인적 특성 및 조직적 특성의 영향

지금까지의 분석결과에서는 자원봉사활동 지속 및 중단 결정에 관련되는 개인특성 요인들의 영향이 통제되지 못하고 있다는 점에서 조직특성 요인의 영향을 제대로 평가될 수 없을 것으로 사료된다. 따라서 이 절에서는 조직특성 요인과 더불어 개인특성 요인을 독립변수로 동시에 투입하여 이들 요인들의 실제적 영향을 분석·평가하여 보고자 한다.

이들 요인들을 동시투입하여 로지스틱 회귀분석한 결과는 〈표 Ⅳ.14〉와 같다.

〈표 Ⅳ.14〉 동시투입 분석에 따른 개인특성 및 조직특성 요인들의 영향(N=316)

개인특성 및 조직특성 요인	종속변수: 지속여부			
	B	S.E	Wald	R
연 령	.0966*	.0469	4.2414	.1014
학 력	−.1744	.1302	1.7941	.0000
취업경력	.0209	.0523	.1602	.0000
성 별	−.2803	1.0043	.0779	.0000
가구주의 직업지위	.1391	.1533	.8234	.0000
가구소득	−.0019	.0028	.4423	.0000
혼인상태	−1.9115(*)	1.0448	3.3475	−.0787
요보호자녀 보유	−.2401	1.0107	.0564	.0000
가사분담자의 보유	−.1881	1.3259	.0201	.0000
직업보유	−.6860	.6736	1.0370	.0000
가족의 지지도	.0611	.3865	.0250	.0000
주변인들의 인지도	−.3975	.5041	.6216	.0000
주변인들의 지지도	.4374	.4237	1.0657	.0000
종교보유	−1.1520	1.0456	1.2140	.0000
자원봉사활동 동기	1.9013**	.6475	8.6234	.1744
자원봉사활동에의 경험	.4270	.5921	.5201	.0000
기관의 규모	.0656	.0747	.7715	.0000
기관의 역사	−.0361	.0284	1.6163	.0000
기관 지명도	−.1313	.3349	.1537	.0000
기관 접근성	−.0103	.0126	.6777	.0000
조직 분위기	.9451	.6463	2.1383	.0252
조직 소속감	.4591	.3411	1.8115	.0000
기관의 전반적 처우	.1572	.5694	.0763	.0000
교육 이수	−11.2177	22.3615	.2517	.0000
교육내용 만족도	−.1741	.4545	.1467	.0000
직무 적합성	1.1758**	.4939	5.6683	.1298
직무배치(적성파악)	.2605	.6653	.1533	.0000
직무부담 만족도	.3551	.4442	.6392	.0000
직무만족도	1.1257(*)	.6465	3.0321	.0688
직무지도의 만족도	.7431	.4841	2.3561	.0404
물질적 보상(현금)	−.7694	.8484	.8225	.0000
물질적 보상(현물)	1.1571(*)	.6519	3.1503	.0727
비물질적 보상	1.1638*	.5763	4.0775	.0977
전담직원과의 업무적 관계	1.3251(*)	.7088	3.4950	.0829
전담직원과의 정서적 관계	1.5162*	.7074	4.5939	.1091
직원과의 업무적 관계	−.2928	.6338	.2134	.0000
직원과의 정서적 관계	1.6352**	.5695	8.2457	.1693
대상자와의 업무적 관계	1.0205	.7888	1.6738	.0000
대상자와의 정서적 관계	−.8345	.6651	1.5740	.0000
동료 자원봉사자와의 관계	.2577	.3333	.5979	.0000
친분있는 자원봉사자 보유	.8573	.5875	2.1295	.0244
자원봉사자들 모임 보유	−.8594	.6030	2.0313	−.0120
상수항	5.4382			
Model Chi-Squatr	89.690***			
예측 정확률	86.08%			

(*) p<0.1 * p<0.05 **p<0.01 ***p<0.001

V. 고 찰

　지금까지 사회복지분야 자원봉사자의 지속적 활동에 자원봉사자의 개인적 특성 및 자원봉사기관의 조직적 특성이 자원봉사활동 지속 및 중단에 어떠한 차이가 있는지, 그리고 자원봉사자의 지속적 활동에 어떠한 요인이 중요하게 영향을 미치는 지 회귀 분석을 통하여 실제적 영향을 비교 분석하여 보았다. 이러한 분석 결과를 선행연구와 비교 고찰하여 보면 다음과 같다.

1. 자원봉사자의 지속적 활동특성 및 수행 양상간의 차이

1) 자원봉사자의 개인특성 및 수행 양상의 차이

　자원봉사활동 지속자와 중단자의 개인적 특성을 비교 분석한 결과 이들 두 집단은 개인특성의 측면에서 상이하다는 점이 확인되었다. 즉, 연령, 학력, 혼인상태, 직업유무, 자원봉사활동 동기, 자원봉사활동 참여 경로, 주변인들의 태도 등에서는 지속자와 중단자간 유의미한 차이가 있음이 확인되었다.
　반면 취업경력, 종교유무및 신앙수준, 가구소득 수준, 가족구성 등에서는 유의미한 차이가 없는 것으로 확인되었다. 특히 연령, 혼인상태, 직업유무의 유의미한 차이는 자원봉사활동 지속자들이 중단자에 비해 상대적으로 연령대가 높고, 기혼인 경우가 많고, 직업을 갖지 않은 경우가 높다는 것을 의미하는 것으로 이는 곧 직업을 갖지 않은 고연령층 기혼 여성들이 충분한 여가시간을 배경으로 자원봉사활동을 적극적으로 수행하고 있음을 시사한다.

이러한 점은 자원봉사자의 모집 및 선발 과정에서 이와 같은 개인적 특성을 지닌 대상자들이 주 표적 집단 일수 있다.

한편 분석결과에서 지속자와 중단자의 자원봉사활동 참여 동기의 차이는 기존 연구 결과들에서 논의되었던 바와 일치되게 자원봉사활동 지속자일수록 이기주의적 동기고다는 이타주의적 동기에 의해 지속하고 있음을 확인할 수 있다.

자원봉사활동에 대한 일반적인 인식과 동일하게 이타적 동기가 자원봉사활동 참여와 밀접한 관련성이 있는 것으로 지적되고 있는 반면 (Hutler & Nelson, 1987; Perkins, 1989; Sundeen, 1992; Latting, 1990), 일부 연구들에서는 특정한 목적을 성취하고자 하는 자원봉사자의 이기적 동기 즉, 사회적 접촉과 자기발전을 위한 동기 역시 자원봉사활동 참여에 중요하게 영향을 미치는 것으로(Cook, 1984; Jenner, 1982; Widmer, 1985), 또는 사회적 의무감과 같은 사회적 동기 역시 관련 요인으로 작용하고 있는 것으로 분석되었다(Cook, 1984; Florin, et al., 1986; Friedman, et al., 1988).

이러한 자원봉사활동 지속자의 특성에 비추어 본다면 자원봉사활동의 동기는 자원봉사활동 지원자의 선별 혹은 직무배치의 중요한 기준으로 참조하여 활용하도록 하는 것이 유용할 것으로 본다.

일반적인 예상과는 달리 종교유무 및 자원봉사활동의 경험 등은 본 연구에서 자원봉사활동 지속자와 중단자를 구별짓는 중요한 요인이 아닌 것으로 확인되었다. 이는 기존의 연구들에서 자원봉사활동 지속의 중요한 특성으로서의 종교는 후원행위 등과 마찬가지로 자원봉사활동에도 영향을 미치는 것으로 주장되었고(Jackson, et al., 1995; Wuthnow, 1991), 자원봉사활동의 경력 역시 자원봉사활동 참여 및 지속에도 유의미한 영향을 미치는 것(Stevens, 1991; Zeigenhaft, 1996;

Wilson, 1995)으로 확인되었는데 이와 같은 요인들은 우리나라에서 자원봉사활동 지속을 위한 효과적인 자원봉사자들의 모집 및 선발 기준 또는 직무배치 기준으로 유용하지 못함을 의미한다.

한편 기존의 이론적 논의 및 관련 경험적 분석 결과들과는 다르게 자원봉사자의 사회적 배경은 자원봉사활동 지속자의 중요한 특성이 아닌 것으로 나타났다. 기존의 사회주도층 이론에서는 사회경제적 지위가 높을수록 자원봉사활동에 적극적이고 이에 따라 자원봉사활동 지속성도 높을 것으로 주장되어 왔고 도한 상당수 실증 연구들에서도 이와 같은 경향이 확인되었는데(Smith, 1994: Wilson & Musick, 1997, 1998: Hogdkinson & Weitzman, 1992), 본 연구에서는 자원봉사활동 지속자와 중단자간 사회경제적 지위가 유의미한 차이가 없는 것으로 나타나 서구에서의 기존 연구 결과들과는 상반된다.

특히 우리나라에서는 자원봉사활동 등과 같은 사회적 공익성이 아직까지 사회주도층의 역할로 자리매김되지 못한 데서 비롯된 것으로 판단되며, 사회적 지위를 토대로 자원봉사자로서의 적격 여부를 판정하거나 혹은 직무배치가 이루어지는 것은 타당치 못한 것으로 사료된다.

사회활동 요인과 관련하여 기존 연구들에 의하면 가족구성의 측면은 자원봉사활동 수행의 중요한 조건으로서 작용되어 자원봉사활동 지속에 영향을 미치는 요인으로서 분석되고 있다(Sage Pub., 1998). 우리나라에서 사회활동 요인으로서의 가족구성(자녀 및 가사분담자의 유무) 및 자원봉사활동에 대한 가족의 태도는 자원봉사활동 지속자와 중단자를 구별짓는 특성으로서 분석도지 못하였지만 주변인의 인식과 태도는 관련 특성으로 나타나 매우 흥미롭다. 그러나 서구 국가들의 기존 연구들에서 주요 관련 요인으로 확인되었던 개인의 인적 자원축적 수준 및 사회적 배경과는 그리 밀접한 관련성을 지니지 못하고 있는 것으로 평가된다.

우리나라에서는 사회활동 요인과 관련하여 자원봉사활동에 대한 친구, 친척 등의 주변인의 인지도가 높을수록 또한 이들의 태도가 지지적일수록 자원봉사활동 지속 성향이 높은 것으로 나타나 자원봉사자뿐만 아니라 주변인의 태도 역시 자원봉사활동 지속성과 관련하여 특별히 관심을 모아야할 부분임을 확인하여 준다.

2) 자원봉사기관 조직특성의 차이

본 연구에서 지속자와 중단자의 자원봉사기관 조직특성의 차이를 분석한 결과에서도 지속자와 중단자의 자원봉사기관 특성이 두드러진 차이가 있는 것으로 확인되었다.

분석결과에서 나타난 지속자와 중단자의 자원봉사기관 조직특성의 차이를 개괄하여 보면 다음과 같다.

지속자와 중단자의 자원봉사기관들이 지닌 물리적 환경과 조직풍토 측면은 상당한 차이가 있는 것으로 확인되었다. 즉, 기관의 종사자 수가 많고, 지역사회 지명도가 높고, 조직풍토(조직분위기, 조직소속감, 자원봉사자의 전반적 처우)가 만족스러운 기관에서 지속자들이 많은 것으로 나타나 기관의 물리적 환경 및 조직풍토가 자원봉사활동 지속성 제고에 매우 중요한 요인임을 확인할 수 있었다.

이는 기존 논의들과도 일치되는 부분으로 물리적 환경 즉, 자원봉사자의 자원봉사기관 접근의 편이성, 기관의 지리적 위치 등 물리적 환경 요소가 자원봉사활동 수행 양상에 밀접한 관련성을 지닌 것이며(류경희, 1994; Gidron, 1984; Dailey, 1986; Sundeen, 1992), 자원봉사기관의 조직풍토에서 조직규모가 큰 기관들에서, 지역사회에 인지도가 높은 기관들에서, 자원봉사기관의 활동영역과 기관 내 조직구조와 같은 조직풍토의 중요성을 시사한다(Hougland & Shephard, 1985; Morris & Snyder, 1983).

　기존 연구결과들에서의 기관의 지리적 위치와 기관의 역사가 오래된 곳 즉, 자원봉사활동은 자원봉사자와 자원봉사기관과의 접근이 편리한 곳에, 그리고 기관의 역사가 오래되어 자원봉사자관리의 체계가 구축된 기관에서의 자원봉사활동은 자원봉사활동의 참여 및 수행 양상에 긍정적인 영향을 미치는 것으로 분석(정병오, 1997: 모옥희, 1995: Sundeen, 1992: Cutis, et al., 1992)되었는데, 본 연구에서는 자원봉사기관에의 접근성, 기관의 역사 등은 자원봉사활동 지속에 영향을 미치는 요인과 관련되는 기관특성은 아닌 것으로 분석되었다.

　이는 자원봉사기관의 역사가 일천할 뿐만 아니라 자원봉사기관의 접근성이 비교적 용이한 곳에서 자원봉사활동을 수행하고 있는 것으로 나타난 결과라고 본다. 또한 국내 연구들에서의 자원봉사기관의 물리적 환경 및 조직풍토의 영향에 대한 고찰이 매우 미흡하거나 분석에 있어 관련 변인들의 영향이 제대로 통제되지 못하거나 분석대상이 한정되어 제대로 구명되지 못한 것으로 분석된다.

　이상의 논의에 의하면 자원봉사기관의 물리적 환경과 조직풍토는 자원봉사활동1의 양상을 분석함에 있어 중요한 기관의 조직특성 요인으로 평가된다.

　자원봉사자의 직무관리 및 보상관리 측면에서는 지속자의 자원봉사기관과 중단자의 자원봉사기관 간어 상당한 차이가 있는 것으로 확인되었다. 기존의 연구들에서도 직무관리는 자원봉사자가 수행하는 업무의 유형 및 실행 방식과 절차들을 직접적으로 규정하는 부분으로 기관에서 직무배치 양상, 직무부담의 설정, 직무수행관련 지원 및 지도감독 양상 등은 자원봉사자의 직무만족 및 직무성취, 직무 및 조직의 공익성에 밀접한 영향을 미치는 것으로 분석되어(서울시정개발연구원, 1995: 이윤로, 1996: Gidron, 1984: Milofsky, 1988: Watts & Edwards, 1983), 본 연구의 분석결과는 자원봉사기관에서의 직무관리가 자원봉사자의 자원봉사활동 지속성에 중요한 요인임을 지지하여 준다.

보상관리는 기존의 연구들에서 자원봉사활동에 대한 인정 등 상징적 보상은 자원봉사활동 사기와 자원봉사활동 성취도에, 비현물 형태의 보상은 자원봉사활동에 대한 자원봉사자의 공익성에 매우 긍정적으로 나타나 보상관리가 자원봉사활동의 전개 양상과 밀접한 관련성을 지니는 것으로 분석되었다(조휘일, 1996; 김명성, 1993; Cnaan & Cascio, 1999; Brudney, 1992; Sundeen, 1992; Schafer, 1979).

자원봉사활동에 소요되는 비용에 대한 현금보상 및 자원봉사활동을 원만하게 수행함에 필요로 하는 관련 서비스의 지원으로서 차량서비스, 식사서비스, 탁아서비스 등의 지원과 업무성과에 대한 인정 등의 상징적 보상 역시 자원봉사자들의 사기를 높이고 생산성 향상 및 자원봉사활동 지속성에 긍정적으로 나타나 보상관리가 자원봉사활동 지속성에 매우 중요함을 시사하여 본 연구를 지지하여 주는 요인으로서 나타났다.

이러한 분석 결과들은 특히, 직무관리 및 보상관리가 보다 체계적이고 만족스러운 기관에서 자원봉사활동의 지속성이 높은 것으로 나타나 기존의 국내외 경험적 연구 결과와도 일치되는 것으로(류경희, 1994; 이수영, 1990; Dailey, 1986; Stevens, 1991; Brown & Zahrly, 1989; Cnaan & Cascio, 1999), 본 연구에서의 자원봉사활동 지속성 제고에 직무관리 및 보상관리의 중요성을 시사한다.

자원봉사자에 대한 교육훈련 관리는 자원봉사활동 지속자와 중단자를 구별짓는 기관특성 요소는 아닌 것으로 확인되었는데, 이는 자원봉사기관들에서 자원봉사자에 대한 관련 교육관리가 전반적으로 동일하게 미흡한데서 비롯된 것으로 평가된다. 이와 같은 분석결과는 지속성 제고를 위한 교육관리의 중요성을 부인하는 것으로 비약 또는 해석되는 것은 곤란할 것으로 판단된다.

본 연구의 분석결과에서는 자원봉사기관의 관계망 측면에서도 지속자와 중단자간 두드러진 차이를 확인할 수 있었는데, 특히 자원봉사자

관리 전담 직원 및 일반 직원과의 관계 그리고 자원봉사자들과의 관계
가 원만한 기관에서 자원봉사활동 지속성이 높은 것으로 확인되었다.
즉, 자원봉사활동 수행과 관련된 즈직 내 관계망이 잘 조성된 기관들
의 경우 자원봉사기관에서의 일반 직원, 동료 자원봉사자, 서비스 대상
자와의 관계가 자원봉사활동 수행 양상에 긍정적인 것으로 검증되어
자원봉사활동 중도탈락 경향이 감소될 수 있으며 더불어 자원봉사활동
지속 성향을 제고하기 위해서는 조직 내 관계망 정비의 필요성을 시사
하고 있어 기존 연구들에서 제기된 자원봉사자 관계망의 중요성을 재
차 확인하여 준다(홍승혜, 1995; 류경희, 1994; Pierucci & Noel, 1980;
Allen, 1987).

자원봉사활동 지속자와 중단자간 자원봉사기관의 특성이 상이하다는
점은 기관의 조직적 특성 요소들이 자원봉사활동 지속 및 중단에 중요
한 관련성을 지니고 있음을 의미한다는 점에서 관심이 집중되는 부분
이다. 이는 자원봉사활동 지속 및 중단이 자원봉사자의 개인적 결정에
의한 자연발생적 현상이 아니라 자원봉사기관의 제반 특성이 문제되어
발생된 구조적 현상임을 시사한다는 점에서 자원봉사활동 지속 및 중
단에 대한 새로운 인식을 제시하여 준다. 이와 더불어 자원봉사활동
중도 탈락률의 감소와 지속성 제고를 위해서는 기관에서의 자원봉사자
에 대한 전문적 관리방안의 모색과 실행의 필요성을 제시하여 준다는
점에서도 특별한 실천적 함의를 지닌 것으로 평가된다.

2. 자원봉사자 개인특성이 자원봉사활동 지속에 미치는 영향

기존 연구들에서는 다양한 이론적 설명들에 의거하여 자원봉사활동
지속에 자원봉사자의 개인특성 요인들이 밀접하게 관련되어 있음을 제

기하여 왔다.

　이타주의 이론에 입각한 연구들에서는 자원봉사활동이 이타주의적 속성을 지님에 관련하여 개인의 이타주의적 성향과 동기, 종교유무 등이 자원봉사활동 지속 및 중단에 중요하게 관련될 것으로 주장되어 왔다(Reddy, 1980; Smith, 1981; Clary & Snyder, 1991)).

　시간할당 이론 및 사회활동 이론에 토대한 연구들에서는 자원봉사활동이 여가활용과 관련된 사회활동의 일환이라는 점에 입각하여 사회활동 시간을 규정하는 개인특성 요인, 즉 직업유무, 가족구성, 혼인상태, 가족 및 주변인들의 태도 등이 자원봉사활동 지속 및 중단 결정에 중요하게 영향을 미칠 것으로 주장하였다(Bryant, 1992, Chambre, 1984).

　사회주도층 이론에서는 자원봉사활동이 사회주도층의 사회적 책임과 역할로 간주되고 있음에 주목하여 가구소득 및 직업 등의 사회적 배경 요인들이 자원봉사활동 지속 및 중단에 크게 관여할 것으로 주장하여 왔다(Adams, 1980; Lemon, et al. 1972).

　이상과 같이 다양한 이론적 설명들에 토대하여 기존 연구들에서는 자원봉사자의 개인적 특성이 자원봉사활동 지속에 많은 영향을 미칠 것으로 논의하여 왔고 상당수의 연구들에서 이와 같은 가설은 실증분석 결과를 통해 확인하여 주고 있다(Fitch, 1987; Lammers, 1991, Rohs, 1986; Smith, 1994). 또한 서구의 이론적 논의와 경험적 연구결과에 토대하여 국내 연구들에서도 개인특성 요인의 주요한 영향이 주장되어 왔다(조휘일, 1990; 이수영, 1990; 김혜경, 1998, 류경희, 1994).

　본 연구 결과에서 나타난 인적 자원 요인을 살펴보면 기존 연구들에서의 분석 결과와는 달리 자원봉사활동 지속에 연령, 취업경력은 유의미한 영향을 미치지 못하고 있는 것으로, 학력은 자원봉사활동 지속에 오히려 부정적인 영향을 미치는 것으로 나타났다.

　일반적으로 인적 자원론에서는 자원봉사활동 수행에는 관련 경험 및 지식, 기술 등의 인적 자원 요인들의 축적이 요청된다는 측면에서 인

적 자원 축적이 높을수록 자원봉사활동을 효과적으로 수행하고 직무만
족도 역시 높고 이로 인해 자원봉사활동 지속성도 높일 수 있을 것으
로 가정하는 것이 일반적이다.

자원봉사기관의 조직특성 요인들을 동시 투입하여 개인특성 요인들
의 실제적 영향을 분석한 본 연구에서는 이상과 같은 기존 연구들의
논의 및 분석결과와는 달리 상당스 개인특성 요인들은 자원봉사활동
지속에 미미한 영향을 미치고 있는 것으로 분석되었다. 자원봉사자의
연령, 혼인상태, 자원봉사활동 동기 등은 자원봉사활동 지속에 유의미
한 영향을 미치는 개인특성 요인으로 나타났지만 여타 요인들은 유의
미하지 않은 것으로 나타나 자원봉사활동 지속 및 중단에 커다란 영향
을 미치지 못하고 있는 것으로 확인되었다.

이는 조직특성 요인의 영향이 통제되지 못함으로써 그간 기존 연구
들에서는 자원봉사활동 전개 양상에 개인특성 요인의 영향이 다소 과
장되게 평가되었음을 시사하여 준다. 개인특성 요인과 자원봉사활동
전개 양상간의 밀접한 관련성을 제기하고 있는 관련 이론적 설명들이
우리나라에서는 이의 적합성이 상당 부분 결여되어 있고 또한 자원봉
사자의 개인적 특성의 일부분만이 자원봉사활동 지속 및 중단 결정에
관련되어 있는 것으로 평가된다.

이와 같은 분석결과의 함의에 의하면 자원봉사활동 지속 및 중단의
양상이 모두 자원봉사자의 개인적 특성과 여건에서 기인된 것으로 간
주하는 기존 인식은 효과적인 자원봉사활동 중단의 해소방안 모색에
그다지 긍정적이지 못할 것으로 평가된다.

이와 같은 분석 결과는 자원봉사활동 중단의 책임을 자원봉사자에게
만 전적으로 부여할 수 없고 오히려 자원봉사기관에서의 적극적 자원
봉사자관리가 더욱 자원봉사활동 지속성 제고를 위해 필요하다는 점을
실천적 함의로서 제기하여 준다.

3. 자원봉사기관 조직특성이 자원봉사활동 지속에 미치는 영향

자원봉사활동이 자원봉사자의 자발성에 기초하여 수행되긴 하지만 자원봉사기관에 의해 자원봉사활동이 조직·관리되고 있음에 비추어 보면 자원봉사활동 수행 양상에 대한 자원봉사기관 특성의 체계적 관련성이 주장되고 있다(Stevens, 1991; Dailey, 1986; Allen, 1987; Cnaan& Cascio, 1999; Gidron, 1984).

자원봉사기관 특성의 영향은 영역들을 달리하며 다양하게 제기되고 있지만(조직풍토론, 조직관리론, 관계망 이론 등), 이들 논의들은 자원봉사활동의 성과나 수행 양상이 단순히 자원봉사자의 개인특성에만 토대하지 않으며 오히려 자원봉사기관의 제반 특성들에 의해 중요하게 영향을 받는다고 주장하고 있다.

이와 같은 이론적 논의들은 상당수의 실증 연구들에서 경험적으로 지지되고 있는 것으로 나타나(Cnaan& Cascio, 1999; Stevens, 1991; Gidron, 1984), 자원봉사활동 지속 및 중단에 대한 새로운 인식의 토대로 자리매김 되고 있다. 국내의 일부 연구들에서도 자원봉사활동 수행 양상에 자원봉사기관 특성이 미치는 영향에 점차 관심을 두고 있다(류경희, 1994; 정병오, 1997; 김동배 외, 1998, 류기형 외, 1998).

그러나 국내외 기존 연구들에서 이에 대한 관심의 제고에도 불구하고 조사 데이터의 결함 및 분석방법의 미흡 등으로 인해 자원봉사활동의 지속 및 중단에 기관 특성이 미치는 영향은 제대로 구명되지 못하고 있는 실정이다. 특히 관련 연구들에서는 자원봉사자 개인특성 및 자원봉사기관 조직특성 요인들의 영향이 체계적으로 통제되지 못하여 자원봉사기관 조직특성의 실제적 영향은 제대로 검증되지 못하고 있다.

이와 같은 한계에 의하여 본 연구에서는 자원봉사기관의 특성을 물
리적 환경 및 조직풍토, 자원봉사자 직무관리 양상, 조직 내 관계망 요
소로 구분하고 관련 개인특성 요인들을 통제 변수로 설정하여 자원봉
사기관 조직특성의 실제적 영향을 구명하고자 분석한 결과, 단편적으로
나마 제기되었던 그간의 기존 연구들의 분석 결과와 동일하게 자원봉
사기관의 제반 특성이 자원봉사활동 지속 및 중단에 중요하게 영향을
미치고 있다. 이의 영향들을 구체적으로 고찰하여 보면 다음과 같다.

첫째, 분석결과 자원봉사기관의 물리적 환경 요소들(기관의 규모, 역
사, 접근성, 지명도 등)과 조직풍토 요소들(조직분위기, 조직소속감)은
자원봉사활동 지속 및 중단에 유의미한 영향을 미치지 못하고 있는 것
으로 확인되었지만 기존 연구들에서 나타나듯이 자원봉사활동 지속과
정적인 상관성을 지닌 것으로 확인되었다(류경희, 1994; Gidron, 1984;
Cnaan & Cascio, 1999). 이는 일반직원의 이직과 마찬가지로 자원봉사
자의 자원봉사활동 지속 및 중단 역시 기관의 조직풍토에 의하여 결정
되고 있음이 확인되었다.

따라서 이러한 점을 감안하면 사회복지기관 및 시설에서의 자원봉사
활동 지속의 향상을 위해서는 자원봉사자들에게도 만족할 만한 조직풍
토의 조성이 필요할 것으로 판단된다.

둘째, 기존 경험적 연구 결과와 동일하게 자원봉사자의 직무관리 양
상 역시 자원봉사활동 지속 및 중단에 매우 중요한 영향을 미치는 것
으로 나타나(류경희, 1994; Lammers, 1991; Stevens, 1991; Cnaan &
Cascio, 1999), 자원봉사활동의 지속성 제고에 자원봉사자에 대한 조직
관리가 매우 중요하다는 점을 확인할 수 있다. 특히 직무관리(직무적
합성, 직무만족도)와 보상관리(현물보상, 비물질적 보상)는 자원봉사활
동 지속에 유의미한 영향을 미치는 것으로 나타나, 자원봉사자 관리에
서 더욱 관심을 가져야 할 측면으로 확인되었다.

이러한 분석결과에서 보면 자원봉사활동 지속성 향상을 위해서는 기

관 운영 측면에서 자원봉사자의 직무관리 및 보상관리에 대한 적극적인 고려가 필요할 것으로 판단된다.

한편 기존 연구들(정병오, 1997: Paradis & Usui, 1987: Watson, 1993)과는 달리, 자원봉사자에 대한 교육관리는 자원봉사활동 지속 및 중단에 유의미한 영향을 미치지 못하는 것으로 나타났다. 이는 사회복지기관 및 시설들에서 자원봉사자에 대한 교육관리가 전반적으로 미흡한 데서 비롯된 것으로 판단된다. 이는 자원봉사자에 대한 교육의 무용성을 의미하는 것이 결코 아니라는 점은 주지되어야 할 것이다.

이와 같은 분석결과는 곧 "비대가성을 특성으로 하는 자원봉사활동에서 적합한 직무수행을 통해 얻는 보람이 자원봉사자들의 가장 큰 기대이며 욕구라는 점"을 함축하는 것으로 사회복지기관 및 시설들에서의 전문적인 자원봉사자에 대한 직무관리가 자원봉사활동 활성화의 기반일 수 있음을 실천적 함의로서 제기하여 준다.

보상관리의 요소 중 현금보상은 유의미하지 못한 반면 현물 보상은 자원봉사활동 지속에 유의미한 영향을 미치는 것으로 나타나 매우 흥미롭다. 이는 차량 서비스 혹은 식사 서비스 등의 현물보상 지원이 자원봉사활동을 보다 원활하게 수행하도록 함에 일조 하는 데서 비롯된 것으로 평가된다. 반면 현금보상이 주요한 영향 요인이 되지 못한 것은 자원봉사활동의 비대가성 원칙에 대한 인식이 강력하게 뿌리내려 있는데서 비롯된 것으로 보인다.

현물보상 및 비물질적 보상의 유의미한 영향에 비추어 보면 자원봉사활동 지속적 향상을 위해서는 자원봉사활동의 보상에 대해 기관 차원에서 적극 관심을 기울여야 할 것으로 판단된다. 특히 자원봉사자들이 자원봉사활동을 원활하게 수행할 수 있도록 관련 여건 조성에 관련 서비스들의 지원이 이루어질 수 있도록 하는 것이 자원봉사활동 중도 탈락의 감소와 지속성 제고를 위해 필요한 것으로 판단된다.

셋째, 자원봉사활동이 다양한 관련 주체들과의 관계하에서 진행되는 부분임에 비추어 보면 일반적으로 조직 내 관계망 역시 자원봉사활동 지속 및 중단에 중요하게 영향을 미칠 것으로 상정되는데(Wood, 1980; Gidron, 1984; Dover, 1998) 본 연구에서도 이들 요소들은 자원봉사활동 지속에 긍정적인 영향을 미치고 있는 것으로 확인되어 자원봉사활동 관계망의 중요성을 재확인하여 주고 있다. 특히 본 연구의 분석 결과에서는 전담직원 및 일반직원들과의 자원봉사자의 업무적, 정서적 지지관계가 매우 중요하게 영향을 미치는 것으로 나타나 자원봉사자들과의 동료관계 형성이 자원봉사활동 지속성에 매우 중요한 요인임을 시사한다.

　기관 내 여타 자원봉사자들과의 관계망은 관련 요인들의 통제로 통계적으로 유의미하지 못한 것으로 나타났지만 자원봉사활동 지속과 정적인 상관성을 지닌 것으로 나타나 자원봉사자들 간 긴밀한 관계 역시 자원봉사활동 지속성 제고에 긍정적으로 작용되는 측면임을 시사한다. 즉, 기관 내 동료 자원봉사자와의 원만한 관계 형성과 유지는 자원봉사활동 지속의 중요한 동기일 수 있음을 의미하는 것으로 자원봉사자들 간 관계망 형성 역시 자원봉사자관리 차원에서도 매우 관심을 갖아야할 측면임을 보여준다.

　이상에서 검토된 자원봉사기관의 조직특성 요인들의 영향은 자원봉사활동의 지속 및 중단이 자원봉사자의 자발성에 기초한 것이라기보다는 자원봉사기관의 조직풍토 및 자원봉사자 관리, 그리고 조직 내 관계망 등의 조직적 맥락에 의하여 발생된 문제임을 제기한다. 이는 곧 자원봉사활동의 지속 및 중단이 자연스러운 개인적 선택이기보다는 기관에서의 관련 여건 조성의 미흡과 관리 부재 등에서 기인된 인위적 결과임을 의미하는 것으로 기관 차원에서 이에 대한 적극적 대응 방안 모색의 필요성을 의미한다.

　따라서 자원봉사활동 중도탈락의 해소 및 자원봉사활동 지속성 제고를 위해서는 기관 내 조직풍토의 혁신과 전문 자원봉사관리체계의 구

축, 그리고 기관 내 긍정적이고 적극적인 자원봉사자의 관계망 조성이
중요한 실천적 함의와 과제로서 제기하여 준다.

4. 자원봉사활동 지속성 제고를 위한 관리방안

1) 효율적인 자원봉사활동 관리의 전제

우리나라 자원봉사활동의 높은 중도탈락률은 자원봉사활동의 지속
및 중단을 개인적 차원의 활동으로만 간주하는 사회적 인식 및 기존
자원봉사자 관리방안 및 자원봉사활동 관리방법의 부적합성 역시 자원
봉사활동의 높은 중도탈락률의 원인이 되고 있는 것으로 평가된다.

그 동안 자원봉사활동에 대한 관리기법은 주로 동기부여(MTV;
Motivation to Volunteer)에 초점을 두고 활용되었는데 즉, 자원봉사자
의 개인적 특성인 동기적 측면이 자원봉사활동의 참여 및 지속에 중요
하게 관련되는 것으로 보는 동기부여 관리방안들을 중심으로 모색되어
졌을 뿐이다. 이와 같은 동기부여의 관리방안들은 자원봉사활동 지속
에 자원봉사기관 특성이 미치는 영향을 제대로 반영하지 못하고 있는
한계를 지닌다(Dover, 1998).

자원봉사활동이 자원봉사기관에 의해 조직·관리되는 조직적 활동이
라는 점에 서 보면 기존 연구들의 분석결과 및 본 연구의 분석결과에
서 나타나듯이 기존의 동기부여 관리방안들은 자원봉사자관리 기법으
로서 유용한 측면은 지니지만 미흡한 방안으로 평가된다. 따라서 조직
적 활동으로서의 자원봉사활동이 지닌 특성 및 자원봉사활동 수행 양
상에 자원봉사기관 조직적 특성의 주요한 영향을 감안하면 최근 새롭
게 대두되고 있는 역할관계의 관리가 보다 효과적인 자원봉사자 관리

기법일 것으로 판단된다(Dover, 1998).

본 연구에서 제시하는 역할관계 관리방안으로 역할 교환관계 이론에 토대한 자원봉사자 관리기법은 자원봉사활동 수행과 관련된 자원봉사자의 기관 내 다양한 역할관계에 적극 개입, 관리함으로써 자원봉사활동 과정에서 관련 주체들과 적극적 상호작용을 통해 자원봉사활동의 성과뿐만 아니라 자원봉사활동의 지속성을 고양시키는데 주된 목적을 두고 있는 관리방안이다(Dover, 1998; Dailey, 1986; Allen, 1987). 이 역할관계 관리에서는 자원봉사자들이 자원봉사활동 수행과정 전반에서의 역할관계에 대해 기관 및 전담 사회복지사의 전문적인 개입과 관리를 전제하며 기관 차원뿐만 아니라 정부 차원에서의 자원봉사활동의 전문 관리에 대한 적극적인 지원이 수반되어야만 성과들을 기대할 수 있다는 점은 주지되어야 할 부분이다.

역할관계에 토대한 이론적 관점어서는 조직 내 조직성원의 행태에는 조직의 다양한 측면과의 역할관계가 매우 중요하게 관련되어있다. 즉, 조직성원의 행태는 자질과 능력, 동기 등 조직성원의 개인특성과도 밀접한 관련성을 지니지만 조직풍토, 직무관리, 조직 내 관계망 등의 측면에서의 조직 및 조직 내 역할관계 또한 조직성원의 행동과 태도에 중요하게 영향을 미친다(Dover, 1993).

조직 내에서 조직성원의 역할관계들이 매우 광범위하며 다양하기에 중심적인 역할관계를 무엇으로 상정하느냐에 따라 관련 이론들도 다양한데 조직풍토논에서는 조직의 물리적 환경뿐만 아니라 문화적, 관습적으로 형성된 조직풍토 등과의 관계가 조직성원들의 역할관계 전반 및 이들의 행태에도 밀접하게 영향을 미치는 것으로 보며(Litwin & Stringer, 1968), 조직이론 또는 조직관리론에서는 조직성원에 대한 조직차원의 관리 양상 즉, 교육, 직무, 보상 등의 제반 영역에서의 직무관리 및 이에 대한 조직성원의 기대와 태도가 조직성원의 행태에 영향을 미친다(Flowers & Hughes, 1973). 또한 조직 내 관계망 이론에서는 조직 내 관련 주체들과의 관계형성 및 유지의 양상이 조직성원의 행태에 중요한 영향을 미치는 것으로 인식한다는 점에서 앞의 이론들과는 이론적 초점이 다르다(Dover, 1998: Booth & Babchuk, 1969).

따라서 역할관계 이론에서는 조직 내에서의 역할관계뿐만 아니라 조직 외적인 측면에서의 역할관계 역시 조직성원들의 행태 결정에 중요하게 관련되는 것으로 주장한다(Wilson, 1998).

이상과 같이 구체적인 이론들에 따라 역할관계의 초점은 상이하지만 이들 이론 들은 사회체계이론에 토대하여 역할관계의 중요성을 제기하고 있다. 즉, 개인은 중층적인 상하위 체계들과 유기적으로 연관되며 관련 체계들과의 상호작용에 의해 개인의 행태가 영향을 받는다는 체계이론적 관점은 역할관계의 중요성을 뒷받침하는 거시 이론적 토대이다. 이러한 측면에서 중도탈락의 문제를 해소하고 자원봉사활동의 지속성을 향상시키기 위해서는 자원봉사활동 수행과 관련된 다양한 측면에서의 역할관계들에 대한 전문적 사정과 개입이 요청되며 필요할 경우에는 기관 차원에서의 조직특성 요인들의 개선이 요청된다.

사회복지시설 및 기관들에서의 자원봉사자들의 역할관계는 물리적 환경 및 조직풍토의 측면, 직무관리 측면, 조직 내외 관계망 측면 등으로 그 범위가 매우 다양할 뿐만 아니라 포괄적이기에 역할관계의 적용에 있어 자원봉사활동관리 전담 사회복지사의 개입 영역 모두를 나열한다는 것은 매우 어려운 일로 평가된다. 오히려 이와 같은 나열들이 주요한 개입 초점을 명료하게 하지 못할 수 있다는 점에서 또한 기관들에서의 관련 여건의 차이를 감안하여 보면 오히려 자원봉사자관리 전담 사회복지사들은 많은 선택권을 지니면서 기관의 특성과 상황, 자원봉사자들의 개인적 특성과 상황을 감안하여 중요한 개입 영역을 설정하고서 관련 개입을 실행하는 것이 더욱 유용할 것으로 판단된다. 이와 같이 역할관계 관리에 입각한 자원봉사자관리의 실천활동의 준거들을 제시하면 다음과 같다(Allen, 1987).

① 기관과 자원봉사자의 역할관계에 초점을 맞춰 문제양상을 진단한다.

② 자원봉사자의 역할관계를 주요 영역(기관의 물리적 환경과 조직 풍토, 직무 관리 양상, 관련 관계망)들에서 사정한다.

③ 역할관계에 초점을 두고 개입 목표와 개입 과정을 기획한다.

④ 기관의 조직특성 요소들의 개선 및 자원봉사자에 대한 슈퍼비젼과 임파워먼트를 통해 자원봉사자와 조직간 역할관계의 향상을 도모한다.

⑤ 피드백을 통해 자원봉사자관리 기법의 지속적 개선을 이루도록 한다.

한편 자원봉사활동의 활성화와 자원봉사활동 지속성을 향상시키기 위한 자원봉사활동 관리 체계의 도입과 구축은 일차적으로 사회복지시설 및 기관의 과제로서 자원봉사활동 전문 관리체계의 정착을 위한 자원봉사자관리 매뉴얼 및 소프트웨어 개발 및 보급을 통하여 효율적인 자원봉사활동 관리를 하여야한다. 하지만 정부에서의 정책적 및 제도적 지원이 수반되지 않는다면 현실적으로 자원봉사활동 관리 체계는 제대로 구축될 수 없기 때문에 이에 대한 정부의 역할은 매우 중요하다.

따라서 자원봉사활동 관리 체계의 정착에 필요한 정부의 제도적, 정책적 과제를 제시하여 보면 첫째, 자원봉사활동 전문 관리제도의 도입과 전문인력 양성을 위한 방안을 모색・추진하여야 할 것이며 둘째, 지역사회 차원의 연계 지도 및 훈련을 통하여 정부에서는 자원봉사관리 체계가 자원봉사기관들에게 도입 될 수 있도록 관련 여건 형성 및 자원봉사 인력은행이 총괄적으로 담당 할 수 있는 정책적 조치 역시 정부차원에서 이루어져야 할 것이다. 끝으로 자원봉사기관들의 재정지원 확대 및 관련 제도들의 개선을 통하여 자원봉사자 관리에 필요한 기관 내 물리적 환경 및 직무관리 조치의 개선, 각종 서비스 지원 등에도 상당한 재정 지출이 수반되어야 하는 것 역시 정부 예산을 통해 적극 지원하여야 할 것이다.

이를 위해 정부에서는 자원봉사 전문 관리체계를 도입하는 기관들에 대하여 예산 지원을 충분히 하여야 할 것이며 자원봉사활동 여건의 개선과 관련하여 가칭 '자원봉사활동보험'의 도입과 '자원봉사활동지원법'의 제정 등과 같은 제도적 조치가 적극 강구되어야할 것이다.

2) 지속적인 자원봉사활동 관리방안

자원봉사자는 자원봉사활동 수행과정의 다양한 영역들에서 역할관계를 형성하는데 역할관계들이 긍정적일 경우에는 자원봉사활동의 지속성은 향상되지만 역할관계가 부정적일 경우에는 자원봉사활동이 중단되는 것으로 종결되기 쉽다. 때문에 사회복지시설 및 기관에서는 자원봉사자관리 전담 사회복지사와 자원봉사자간의 긍정적인 역할관계가 자원봉사활동 수행과정 전반에 걸쳐 형성될 수 있도록 관리하여야한다.

전담 사회복지사는 자원봉사자의 자원봉사활동 수행과정 전반에 대하여 항상 모니터링하여 이를 토대로 역할관계에 애로를 겪는 자원봉사자를 발견하고 역할관계의 문제를 사정 진단하여야 한다. 그리하여 이와 같은 전문적 사정 결과를 토대로 해당 역할관계에 개입하여 문제해결을 위한 실천활동 차원의 개입과 관리가 이루어져야만 한다. 물론 전담 사회복지사의 실천적 개입은 역할관계의 양 축의 하나인 자원봉사자를 대상으로 이루어져야 하지만 역할관계의 다른 한 축을 이루는 조직풍토, 직무관리, 자원봉사기관의 직원, 클라이언트, 동료 자원봉사자들도 개입 및 관리대상이 된다.

따라서 사회복지사들의 개입 및 관리는 대인서비스의 지원 및 자원봉사자 관리 양상의 개선 등 자원봉사기관 내에서의 관련 여건의 개선 역시 중요한 부분이 된다.

이상에서 기술한 역할관계 관리의 실천과정을 본 연구에서의 분석결과를 토대로 모집 및 선발과정, 직무배치와 직무수행 과정, 직무관리

과정, 지도감독 과정을 중심으로 자원봉사자의 지속적인 자원봉사활동 관리방안을 제시하면 다음과 같다.

⑴ 모집 및 선발 과정

모집 및 선발과정은 자원봉사자들과 기관의 관계가 최초로 형성되는 단계이다. 물론 모집 및 선발과정에서는 자원봉사활동의 참여 결정이 이루어지는 단계이기도 하지만 여기에서의 최초로 형성되는 기관과의 관계는 이후 자원봉사활동 수행 양상 및 자원봉사활동 지속에도 중요하게 영향을 미친다는 점에서 각별하게 관심을 가져야할 부분이다.

모집 및 선발과정에서는 "지속성향"이 높을수 있는 자원봉사자가 선별되도록 일차적인 노력이 기울여져야 한다. 물론 자원봉사자의 수요에 비해 공급이 절대적으로 미흡한 상황에서 자원봉사자의 선별은 불필요한 것으로 간주될 수도 있지만 중도탈락은 재정적, 행정적 손실뿐만 아니라 클라이언트와 기관의 관계에도 매우 부정적이라는 측면에서 엄격한 선발과정의 운영은 반드시 수반되어야 할 부분이라 평가된다(Allen, 1987).

이와 같은 측면에서 자원봉사자의 선별 과정에서는 개인적 특성 전반에의 검토가 이루어져야 할 것이다. 특히, 자원봉사자의 개인특성인 연령, 혼인상태, 자원봉사활동 동기는 자원봉사자들의 자원봉사활동의 참여 및 지속에도 밀접하게 관련되는 요인이다(Wilson & Musick, 1997; Smith, 1994; Hodgkinson, et al., 1992; Sundeen, 1992).

이와 같은 요인들이 자원봉사활동 수행에 영향을 미칠 수 있음에 의하면 자원봉사기관들에서의 자원봉사자 전담 관리자들은 자원봉사자 모집 및 선발에 있어서 자원봉사자의 개인특성 요인들을 깊이 인식하여 자원봉사자들이 자원봉사활동에 참여 할 수 있도록 자원봉사기관에서는 체계적인 자원봉사자에 대한 모집 및 홍보 전략이 실행되어야 할 필요가 있다. 즉, 자원봉사기관에서의 자원봉사자 전담 관리자들은 자원봉사자들이 미혼으로서 연령이 높고 이타주의적 동기에 입각하여 자원봉사활동에 참여하는 경우에 자원봉사활동 지속성향이 높음을 인식하여 모집 및 홍보 전략을 세워야 할 것이다.

자원봉사활동 초기 모집 및 선발과정에서는 이와 같은 자원봉사자 개인특성의 요소들을 지닌 자원봉사자들이 자원봉사활동 수행에 대해 자부심과 책임성이 각인 될 수 있도록 인식시켜 주어야 할 것이며 이와 같은 자원봉사자 개인특성을 고려한 자원봉사자 모집 및 선발을 위한 홍보가 적극적이고 지속적으로 이루어는 것이 필요하다. 이와 더불어 본 연구 결과에서 나타나듯 자원봉사활동 참여 동기 및 가족상황 등이 중요한 선별기준으로 활용될 필요가 있을 것으로 보인다.

모집 및 선발 과정에서의 초기 인터뷰는 자원봉사자와 기관과의 관계 설정에 매우 중요하다. 자원봉사자들은 기관에 대한 부적합한 이미지를 지닌 채 또는 자원봉사활동에 대한 과도한 기대를 지닌 채 자원봉사활동에 지원할 수 있기 때문에 초기 면접과정을 통해 이와 같은 잘못된 인식들을 바로 잡아 주는 것이 기관과의 긍정적인 관계 형성 및 구축을 위해 필요하다.

(2) 직무배치와 직무수행 과정

직무배치와 직무수행 관리에 앞서 우선적으로 자원봉사기관의 물리적 환경, 조직풍토와 자원봉사자간의 상호관계는 매우 중요하다. 즉, 기관 규모, 역사, 기능, 지역사회 내 지명도, 기관의 지리적 위치 등은 자원봉사활동 수행과 관련되는 자원봉사기관의 밀접한 물리적 환경 요인들이며(Watts & Edwards, 1983), 조직 분위기 및 조직성원으로서의 소속감 등은 조직풍토의 요인으로서 자원봉사활동 참여 및 자원봉사활동 지속에도 중요하게 관련되는 요인이다(Dailey, 1986; Davis, 1982).

이와 같은 요인들이 자원봉사활동 수행에 중요하게 영향을 미칠 수 있음에 의하면 기관의 역사와 지역사회 내 역할과 기능이 자원봉사자에게 깊이 인식될 수 있도록 체계적인 자원봉사자에 대한 교육훈련 관리가 실행되어야 할 필요가 있다. 해당 기관에서의 자원봉사활동 수행에 대해 자원봉사자들이 자부심과 책임성이 각인될 수 있도록 자원봉사기관의 역할과 기능 등을 체계적으로 인식시켜 주어야할 것이며 이와 같은 교육훈련은 지속적으로 수행되어야 하겠지만 특히 직무배치 및 직무수행의 초기 과정에서 집중적으로 이루어져야 할 것이다.

지리적 위치 역시 자원봉사활동 지속에 밀접하게 관련되어 있음에 의하면 차량 서비스의 지원 혹은 융통성 있는 스케줄 관리 등을 통해 자원봉사기관의 접근성을 용이하게 해주는 적극적인 개입 및 관리가 요청된다.

조직풍토는 물리적 환경보다 더욱 중요하게 자원봉사활동 수행의 성과 및 자원봉사활동 지속·중단에 영향을 미친다는 점에서 자원봉사자 관리 전담 사회복지사가 각별하게 주의를 기울여야할 부분이다. 물론 관료적 또는 권위주의적인 조직풍트 등의 부정적인 기관 풍토의 개선은 기관 차원의 개입이 요청되는 부분이라는 점에서 전담 사회복지사들의 개입으로 해결될 수 없는 부분이기도 하다.

따라서 이와 같은 자원봉사기관의 조직풍토상 문제들은 자원봉사자들의 잘못된 인식 또한 자원봉사활동 중도탈락의 원인으로 작용할 수 있음에 따라서 이와 같은 인식의 오류에서 야기되는 문제만큼은 전담 사회복지사의 적극적인 개입과 관리를 통하여 해소되어야 한다. 물론 이와 같은 개입과 관리는 오리엔테이션 교육과 같은 공식적인 과정에서 이루어질 수도 있겠지만 식사 간, 이동시간 등의 비공식적 접촉 등도 중요한 계기가 될 수 있기에 다양한 기회들을 활용하여 조직풍토를 긍정적으로 인식할 수 있도록 적극적인 노력이 필요하다.

한편 자원봉사활동 수행과정뿐만 아니라 자원봉사활동 지속 및 중단에도 결정적인 영향을 미치는 부분으로서 직무배치와 직무수행 과정은 다른 어떤 과정보다도 전담 사회복지사의 적극적인 모니터링과 개입이 요청되는 부분이다. 기존의 연구들에서도 자원봉사자의 직무배치 및 직무수행 관리는 자원봉사활동의 수행 양상뿐만 아니라 자원봉사활동 지속 및 중단에도 매우 중요하게 작용하는 요인으로 지적하고 있으며 (유경희, 1994; Allen, 1987; Gidron, 1984; Cnaan & Cascio, 1999; Lammers, 1991; Stevens, 1991), 본 연구의 분석결과에서도 자원봉사 활동 지속에 밀접한 영향을 미치는 것으로 확인되었음에 의하면 자원 봉사관리 영역 중에서도 매우 핵심적인 부분이다.

따라서 기관차원에서 뿐만 아니라 전담 사회복지사의 자원봉사자 직무배치 및 직무수행 관리에 대한 적극적인 개입이 요청된다. 적절한 직무배치와 직무수행 관리를 위해서는 무엇보다도 일차적으로 직무배치가 적합하게 이루어지도록 하여야 한다.

이를 위해서는 직무배치에 앞서 충분한 심층적인 면접 과정을 통해 자원봉사자의 직무 기대를 청취하고 직무에 필요한 자질, 적성 등에 대한 정보를 수집하여야 하며 자원봉사자의 적성과 기대에 적합한 직무가 선별되어야 하고 이에 따른 직무 배치가 이루어지도록 하여야 한다. 만약 자원봉사자가 기대하는 그리고 자원봉사자의 취향에 적합한 직무에 배치가 이루어지지 못할 경우 전담 사회복지사는 상호간의 충분한 의사소통을 통해 자원봉사자가 지닌 직무기대 및 역할기대를 조정하여 현실화시켜 주어야 한다.

전담 사회복지사들은 자원봉사자들의 직무수행 과정을 체계적으로 모니터링하여야 한다. 즉, 과도한 직무부담, 기술능력의 부재로 인한 직무수행의 미흡은 자원봉사자들에게 업무소진을 야기하고 직무 만족도를 저하시켜 결국 자원봉사활동의 중단으로 귀결될 수 있기 때문에 적절한 부담 하에 직무들이 원만하게 수행됨으로써 직무만족을 높이고 이를 통해 자원봉사활동이 강화될 수 있도록 하여야 한다. 또한 전담 사회복지사들은 자원봉사자의 개인적 상황을 면밀하게 검토하여 적절한 직무를 부여하여야 하며, 자원봉사활동 일정 관리에 융통성을 제공하여 줌으로써 원활한 직무수행을 지원해 주어야 한다.

이와 더불어 전담 사회복지사들은 자원봉사자의 직무배치 이후 직무수행 지도 역시 주요한 개입 영역이기에 직무수행에 필요한 요소들이 사전에 충분히 전달되어 원만한 직무수행이 이루어질 수 있도록 직무수행 과정과 성과에 대해 정례적인 슈퍼비젼을 주어 원활한 직무수행이 이루어질 수 있도록 하여야 한다.

자원봉사자들의 자원봉사활동에 대한 기대가 무엇보다도 직무만족과 보람에 있음을 감안하면 자원봉사활동 지속성 제고를 위해서는 무엇보다도 효과적인 직무관리에 보다 많은 실천적 노력이 투여되어야 할 것으로 보인다. 자원봉사자에게는 직무수행에서 얻은 무형의 보상이 매우 중요한 의미를 지닌다. 즉, 직무관계 및 직무수행의 만족도, 직무수행에 따른 보람 등은 자원봉사활동에 대한 자원봉사자의 공익성 및 자원봉사활동 지속에도 커다란 영향을 미친다.

따라서 전담 사회복지사들은 직무배치가 적합하게 이루어지고 원만한 직무관계 하에 자원봉사자의 담당 직무들이 원활하게 수행될 수 있도록 지원하고 이와 같은 직무배치의 절차가 자원봉사기관의 관행으로 정립되도록 부단한 노력을 기울여야한다.

(3) 직무관리(조직 내 관계망) 과정

자원봉사자들이 형성하는 다양한 역할관계들은 자원봉사활동의 공익성뿐만 아니라 자원봉사활동의 지속 및 중단에도 매우 커다란 영향을 미친다는 점에서 볼 때 자원봉사자의 조직 내 관계망은 자원봉사자의 직무관리를 위한 중요한 실천의 영역이다(Allen, 1987).

그 동안 동기부여 중심의 자원봉사활동 관리에서는 자원봉사자의 개인특성에만 관심을 갖고 이와 같은 자원봉사기관의 조직 내 관계망 측면은 자원봉사활동 직무관리에서 대체로 간과되어 왔다. 그러나 이와 같은 직무관리 과정 요인의 중요성에 비추어 보면 자원봉사자들이 형성하는 다양한 조직 내 관계망은 자원봉사자 직무관리 차원에서 각별하게 관심을 두어야할 부분이다.

자원봉사자들의 조직 내 관계망은 자원봉사자관리 전담 사회복지사 및 일반 직원과의 관계, 클라이언트와의 관계, 동료 자원봉사자와의 관계 등으로 구성된다.

자원봉사기관 종사 직원들과의 관계가 원만하게 형성, 유지되기 위해서는 우선적으로 일반 직원에 대한 자원봉사자의 역할과 기능을 적극 이해시킬 필요가 있다. 그리고 서로의 역할과 고충을 충분하게 이해할 수 있도록 직원과 자원봉사자가 하나의 팀을 이루어 활동할 수 있도록 하는 직제의 마련 역시 적극 고려될 필요가 있다.

특히 기관 내에서 자원봉사자와 전담 사회복지사와의 관계는 매우 중요한데 공식적 통로 및 비공식적 통로를 통해서도 긴밀한 관계가 유지될 수 있도록 관리되어야 하며 업무적 차원에서뿐만 아니라 정서적 차원에서도 지지적 관계가 조성될 수 있도록 자원봉사자관리 전담 사회복지사의 적극적 역할이 요청된다. 즉, 전담 사회복지사는 자원봉사자들 간의 관계가 우호적이면서도 지지적일 수 있도록 적극 개입하여야 하며 이를 위해서는 자원봉사자들 간의 관계를 상시적으로 모니터링하여야 하고 갈등 상황 발생시에는 적극 개입하여 역기능적 관계들이 해소되도록 하여야 한다.

직무관리 과정에서는 자원봉사자와 클라이언트와의 관계 역시 중요한 부분이다. 자원봉사자와 만족스럽지 못한 클라이언트와의 관계는 서비스 질의 저하로 귀결될 뿐만 아니라 더 나아가서는 자원봉사자로 하여금 자원봉사활동을 중단하게 되는 배경이 된다.

따라서 자원봉사자를 관리하는 사회복지사들은 클라이언트와 자원봉사자의 관계를 항상 모니터링 하여야 하며 균형적인 관점에서 클라이언트와 자원봉사자간 관계를 평가할 수 있도록 객관적 태도를 유지하여야 한다. 그리고 주기적인 슈퍼비젼의 제공과 이들 간 관계의 적극적 개입을 통해 자원봉사자와 클라이언트간의 긍정적인 상호작용이 이루어질 수 있도록 하여야 한다.

자원봉사활동의 지속성을 향상시키기 위해서는 기관 내 동료 자원봉사자들과의 관계에 대해 더욱 특별한 관심과 노력이 투여되어야 한다. 동료 자원봉사자들은 자원봉사활동 과정에서의 보람과 고충을 함께 나눌 수 있고, 업무적 차원에서의 경험을 전수 받을 수 있을 뿐만 아니라 정서적 지지를 제공받을 수 있는 동료집단(peer group)이라는 점에서 자원봉사자들에게는 다른 어떤 관계보다 중요한 의미를 지닌다. 또한 동료 자원봉사자들과의 관계는 자원봉사활동 수행의 성과뿐만 아니라 자원봉사활동의 지속 및 중단에도 매우 중요하게 영향을 미치게 된다.

자원봉사기관에서는 자원봉사자의 적극적 활용을 위해 또한 자원봉사활동의 지속성 제고를 위해서는 동료 자원봉사자들 간의 관계에 전문적인 관심을 기울여야 하며, 동료 자원봉사자들과의 원만한 관계형성에 필요한 조치들을 적극 취하는 노력이 요청된다.

이와 관련하여 자원봉사자들 간 친목모임의 조성에도 지지적일 필요가 있으며 친목 행사들은 다양한 형태로 전개될 필요가 있는데 커다란 규모의 일회적 행사보다는 정례적인 회합이 보다 자주 이루어질 수 있도록 관련 여건의 조성에도 지원이 이루어질 수 있도록 하는 것이 필요하다. 이를 위해 자원봉사자들만의 공간을 마련하여 주는 것 역시 필수적으로 요청된다. 그러나 친목모임이 자원봉사자들의 원만한 관계를 그대로 담아내지 못할 수 있음에도 또한 주의를 기울일 필요가 있다. 오히려 친목모임이 자원봉사자들과의 원만한 관계 형성의 장벽으로도 작용할 수 있음을 감안하면 특정 자원봉사자의 소외를 야기 시킬 수도 있음은 전담 사회복지사들은 이와 같은 경우의 자원봉사자들에게 특별한 관심을 기울여야 할 것이다.

한편 자원봉사기관 내의 관계망은 아니지만 자원봉사활동과 관련한 가족 및 주변인들과의 관계 역시 자원봉사자의 자원봉사활동 성과 및 자원봉사활동 지속에 매우 중요하게 영향을 미친다는 측면에서 볼 때 이에 대해서도 관심과 적극적인 개입이 표명되어야 한다. 사적 영역으로 간주되는 이와 같은 측면은 전담 사회복지사의 개입 영역으로 간주되지 못하고 있는데 가족 및 주변인의 인식과 태도에 자원봉사자들이 특히 민감하다는 점을 주지하면 이에 대한 모니터링 및 관련 개입조치 역시 중요한 자원봉사활동 직무관리 영역의 하나로 평가된다. 그렇지만 사적 영역이라는 점을 감안하면 이에 대한 과도한 개입은 오히려 부정적 효과를 유발할 수 있음에 따라서 직접적 개입보다는 간접적 개입 곧, 임파워먼트 등과 같은 방법이 적극 활용됨이 좋을 것으로 사료된다.

(4) 지도감독(인정, 보상) 과정

지도감독은 자원봉사활동에도 필히 수반되어져야 하는 부분이다. 지도감독 과정은 기관의 입장에서는 자원봉사활동의 효과성을 높일 수 있을 뿐만 아니라 자원봉사자에게는 미흡한 기술적 측면을 보완하여 줄 수 있다는 점에서도 중요하다. 또한 지도감독 과정을 통해 자원봉사활동 수행 과정상 실제적 고충을 나누며 정서적 지지를 제공하여 줄 수 있을 뿐만 아니라 자원봉사활동 관리의 문제점을 발견, 시정할 수 있는 점에서도 매우 중요한 의의를 지닌다.

그러나 사회복지시설 및 기관에서의 자원봉사활동 과정에 대한 지도 감독은 매우 미흡한 실정이다. 이는 지도감독 과정의 부정적인 측면만 이 부각된 데서 특히 고용관계에 있지 않는 자원봉사자들에게 지도감 독 과정은 오히려 부정적으로 작용할 것이라는 우려가 그 원인인 것으로 판단된다. 이와 같은 우려 또한 충분하게 감안할 필요는 있지만 앞서 지적된 지도감독의 기능과 의의에 비추어 본다면 지도감독은 필수 적인 자원봉사활동 관리 영역이 아닐 수 없다. 단지 지도감독이 되도록 긍정적인 형태로 진행될 필요가 있다는 점은 전담 사회복지사들이 반드시 유념하여야 할 부분이다. 지도감독은 공식적인 형태로 진행되기도 하지만 식사시간 혹은 휴식시간 등의 비공식적 접촉 과정에서 적극 이루어지는 것도 바람직하며 혹은 전화, PC 등의 다양한 매체들을 적극 활용하는 것도 유용할 것으로 보인다.

자원봉사자에 대한 보상 역시 자원봉사활동의 지속성을 강화하는 요인이라는 측면에서 높은 관심을 갖아야할 영역이다. 물론 자원봉사활 동은 시장노동과는 달리 영리적 대가와는 무관하다는 측면에서 자원봉 사기관에서의 보상관리 양상은 일반 조직들과는 상이하다. 즉, 자원봉 사활동에 소요되는 비용에 대한 현금보상도 중요하지만 오히려 자원봉 사활동을 원만하게 수행하도록 하는데 필요한 관련 서비스의 지원 즉, 차량 서비스, 식사 서비스, 탁아 서비스 등의 지원이 자원봉사활동의 지속 및 자원봉사활동의 성과를 향상시키는데 보다 중요하게 관련된다 는 점에 있어서 특히 관심을 두고 관리 되어져야할 필요가 있다 (Brown & Zahrly, 1989). 또한 업무성과에 대한 인정 등의 상징적 보 상은 자원봉사자들의 사기의 극대화 및 생산성의 향상, 그리고 자원봉 사활동 지속성 제고에 긍정적이라는 점 역시 적극 고려될 필요가 있다 (McGee, 1988).

따라서 자원봉사자 활용을 극대화하고 자원봉사활동의 지속성을 높이기 위해서는 자원봉사자들이 필요로 하는 현물 보상지원 및 상징적 보상체계의 마련에 기관 차원에서의 적극적 개입이 요청된다. 특히 상징적 보상은 특별한 경우가 아닌 일상적인 상황 및 관계에서도 다양하게 표명될 수 있음에 관련하여 담당 사회복지사 및 기관의 일반 직원들 또한 인정과 감사의 표현을 적극적으로 표현하는 것이 중요하다. 그렇지만 자원봉사활동에 대한 보상은 시장노동에 대한 보상과는 상이하게 구축될 필요가 있다. 즉, 영리적 대가를 목적으로 하지 않기에 자원봉사자에게 자원봉사활동에 대한 보상은 물질적 보상보다는 비물질적 보상이 더욱 중요한 의미를 지닌다.

자원봉사활동에 대한 자원봉사자의 기여가 적합하게 평가되어 상징적으로나마 충분하게 보상될 수 있도록 다양한 매체를 통한 자원봉사활동의 실적과 성과에 대한 홍보가 이루어지는 것도 보상체계의 일환으로 적극 활용될 필요가 있다. 또한 자원봉사자의 기여를 적합하게 평가해 주기 위한 일환으로 승진 사다리를 마련하는 것도 필요할 것으로 보인다.

자원봉사활동 수행에 필요한 관련 서비스를 제공하는 것은 자원봉사자에게 오히려 자원봉사자에 대한 후생 복지적인 성격에 가까울 수 있지만 이와 같은 보상체계들이 자원봉사활동의 성과 및 지속성 향상에 매우 중요하게 영향을 미칠 수 있다는 점에서 보면 기관 차원에서 이와 같은 서비스들의 도입에 적극적일 필요가 있을 것으로 판단된다.

보상체계는 자원봉사활동의 공익성 및 지속성 제고에도 긍정적 강화물로 작용할 수 있지만 공정치 못한 보상 또는 보상의 남발은 오히려 역효과를 초래할 수 있다는 점 역시 관심을 기울여야 할 부분이다. 또한 공식적인 보상과는 달리 비공식적 보상(칭찬과 격려, 감사)등은 일상적인 차원에서도 쉽게 부여될 수 있는 부분이기 때문에 전담 사회복지사 및 기관의 일반 직원들 역시 비공식적 보상의 제공에 적극적이어야 할 것이다.

Ⅵ. 결 론

본 연구는 사회복지분야에서 자원봉사활동 지속성 제고에 보다 효과적일 수 있는 자원봉사활동 관리방안을 모색하고자 하였다.

이와 같은 연구목적을 달성하고자 한 본 연구에서는 자원봉사활동 지속 및 중단에 미치는 요인으로 자원봉사자의 개인특성과 자원봉사기관의 조직특성을 자원봉사자 448명을 대상으로 분석 고찰한 결과 다음과 같은 결론을 얻었다.

첫째, 자원봉사활동 지속자와 중단자의 개인특성 차이에서 지속자들이 중단자에 비해 상대적으로 연령대가 높고, 기혼자의 확률이 높으며, 직업 보유율이 낮은 특성을 지니고 있는 것으로 확인되었다. 또한 지속자들은 이타주의적 동기에 주로 의존하여 자발적으로 자원봉사활동에 참여하고 있는 것으로 나타났으며 자원봉사활동 수행에 대한 주변인들의 태도도 지지적이었다.

둘째, 자원봉사활동 지속자와 중단자의 자원봉사기관 조직특성의 차이에 대한 분석 결과에서는 기관특성에 상당한 차이가 있었다. 지속자들은 중단자들에 비해 규모가 크고 지역사회 내 지명도가 높은 기관들에서 자원봉사활동을 수행한 것으로 확인되었으며 조직 내 분위기가 우호적이고 조직소속감을 강하게 느낄 수 있는 조직풍토를 지닌 기관에서 자원봉사활동을 수행한 것으로 나타났다. 또한 지속자들은 중단자들에 비해 자원봉사자관리 특히, 직무관리와 보상관리가 적극적으로 이루어지는 기관과 조직 내 관계망이 원활한 기관에서 자원봉사활동을 수행하였다.

셋째, 자원봉사활동 지속 및 중단에 미치는 영향을 회귀분석한 결과에서는 자원봉사자의 개인특성 요인 중에서 연령, 혼인상태와 자원봉사활동의 동기만이 유의미한 영향을 미치는 것으로 확인되었고, 여타 요인들은 별다른 영향이 없었다.

넷째, 자원봉사기관의 조직특성 요인 중에서는 직무관리 요인은 직무적합성, 직무만족도가 보상관리 요인에서는 현물보상과 비물질적 보상에서 그리고 조직 내 관계망 요인에서는 직원들과의 업무적, 정서적 지지관계 등이 자원봉사활동 지속 및 중단 결정의 유의미한 주요 요인이었다.

이와 같은 분석결과를 토대로 효율적인 자원봉사활동 관리방안을 제시하면 다음과 같다.

기존의 자원봉사자 관리방안은 기관특성의 영향을 제대로 반영하지 못한 문제가 있음을 확인할 수 있었다. 동기부여 관리에서는 자원봉사자의 동기와 욕구에만 관심을 갖고 자원봉사기관의 조직적 측면들이 자원봉사활동 성과 및 지속성에 미치는 영향들이 고려되지 못하는 것으로 나타나 새로운 실천관리 모델의 구축이 필요한 것으로 평가되었다.

역할관계 관리는 자원봉사기관에서 자원봉사자들이 형성하는 다양한 역할관계들에 초점을 두고 있는 관리로서, 기관의 조직적 특성의 영향을 보다 체계적으로 반영한다는 점에서 자원봉사활동의 중단 해소 및 자원봉사활동의 지속성 제고에 적합한 실천방안으로 평가되어 대안적인 자원봉사활동 관리방안이 될 수 있을 것이다. 역할관계 관리가 자원봉사자의 자원봉사활동 관리방안으로서 자리매김 되기 위해서는 모델 도입 및 구축에 사회복지시설 및 기관들의 적극적인 노력이 요청되며 이와 더불어 관련 여건의 조성에 정부 차원에서의 강력한 재정적, 행정적 지원이 수반되어야 할 것으로 평가된다.

끝으로 보다 심층적인 자원봉사기관 조직특성의 영향에 대한 분석 즉, 자원봉사활동 지속 및 중단뿐만 아니라 자원봉사활동 수행 양상 전반에 미치는 조직특성의 영향 그리고 조직특성 요인들 간의 관계는 앞으로 계속적인 연구를 통해서 구명되어야할 과제이다.

참고 문헌

강미경(1992). 자원봉사자 모집에 관한 연구. 숭실대학교 대학원 석사학위 논문.

김기선(1984). 자원봉사활동의 방향 및 활성화에 관한 연구. 사회복지. 서울: 한국사회복지협의회.

김동배, 조학래(1996). 청소년 자원봉사의 길잡이. 서울: 동인출판사.

김동배, 조학래, 최재성, 최선희(1998). 한국 자원봉사활동의 관리운영 실태 평가와 지원욕구. 한국사회복지학. 통권 35호. 부산: 한국사회복지학회.

김명성(1993). 재가복지자원봉사자 관리방안에 관한 연구. 서울여자대학교 대학원 석사학위논문.

김범수(1981). 자원봉사자 의식구조에 관한 조사연구. 사회복지. 서울: 한국사회복지협의회.

김상욱(1990). 자원봉사활동의 만족도에 미치는 제 요인. 서울대학교 대학원 석사학위논문.

김성이(1988). 자원봉사활동의 조직과 운영에 관한 조사연구. 서울: 한국사회복지협의회.

김숙경(1997). 재가노인을 위한 가정봉사활동 확대방안. 사회복지개발연구. 통권 10호. 대구: 사회복지개발연구원.

김숙경(1998). 중학생 자원봉사활동 의식에 관한 연구. 한국사회복지정책. 통권 7권. 한국사회복지정책학회.

김숙경(2000). 학생들의 자원봉사 의식실태와 자원봉사활성화 방안. 사회복지. 통권 제144호. 서울: 한국사회복지협의회.

김영호(1989). 자원복지 이론과 실제 서울: 홍익제.

김영호(1995). 한국에 있어서 자원복지활동의 활성화 방법에 관한 연구. 일본상자대학교 대학원 박사학위논문.

김옥라·김현자(1992). 자원봉사: 사랑의 공동체. 서울: 회성출판사.

김용자(1984). 우리나라 주부의 자원봉사참여 판별에 관한 분석. 아세아여성연구.

김인제(1994). 자원봉사활동의 활성화를 위한 입법방향. 서울: 한국법제연구원.

김창기(1996). 자원봉사자관리의 실태와 대책에 관한 연구. 청주대학교 행정대학원 석사학위논문.

김철수(1996). 자원봉사활동 참여에 영향을 미치는 한국도시인의 개인적 속성. 서울: 한국사회복지학. 통권 28호.

김철수(1997). 자원봉사에 대한 의미와 기대효과가 자원봉사 참여여부 및 참여의향 여부에 미치는 영향. 한국사회정책. VOl 4. 서울: 한국사회정책학회.

김혜경(1998). 기혼여성의 자원봉사활동 참여 판별요인. 한양대학교 대학원 박사학위논문.

남미애(1997). 우리나라 자원봉사활동 체계모형에 관한 연구. 부산대학교 대학원 박사학위논문.

노미혜(1986). 한국여성과 사회참여: 자원활동을 중심으로. 여성연구. 통권 제12호. 한국여성개발원.

대구광역시종합자원봉사센터. (1996). 사회복지시설의 자원봉사자 활용 실태 및 활성화 방안. 대구: 대구광역시종합자원봉사센터.

대구사회복지신문. (2001. 1월1일자)

대구사회복지신문. (2001. 7월2일자)

류경희(1994). 자원봉사활동 중도탈락 요인과 대책에 관한 연구. 청주대학교 대학원 석사학위논문

류기형·김기태·박병현·박경일·이경희(1998). 재가복지 서비스를 위한

인적자원 개발 관리체계모형에관한 연구. 한국사회복지학. 통권 36호.

류기형・남미애・박경일・홍봉선・이경희・장중탁(2000). 자원봉사론.서울:양서원.

모옥희(1995). 사회복지 자원봉사자의 봉사활동 중단 요인에 관한 연구. 동국대학교 대학원 석사학위논문.

박하숙(1991). 한국 자원봉사자의 참여동기에 관한 연구. 단국대학교 행정대학원 석사학위논문.

서울시정개발연구원. (1995). 서울시 자원봉사자 활용 증진 방안에 관한 연구.

성영제(1994). 자원봉사활동 실태와 효과있는 활용방안 연구. 한남대학교 대학원 석사학위논문.

성희선(1990). 장애자의 전인 재활을 위한 자원봉사자 활용방안에 관한 연구. 숭실대학교 대학원 석사학위논문.

신원정(1991). 사회복지 조직의 풍토가 사회사업가의 직무만족도에 미치는 영향에 관한 연구. 서울대학교 대학원 석사학위논문.

엄미선(1985). 전화상담 자원봉사자의 욕구성향과 역할갈등에 관한 연구. 성심여자대학교 대학원 석사학위논문.

이명위(1994). 재가복지 자원봉사자들의 봉사활동 참여욕구에 관한 연구. 중앙대학교 사회개발대학원 석사학위논문.

이번송(1996). 서울시 자원봉사활용 증진에 관한 연구. 서울: 서울시정개발연구원.

이영미(1995). 사회복지관의 자원봉사자활용에 관한 연구. 한양대학교 행정대학원 석사학위논문.

이성록(1993). 자원봉사자의 활동실태와 효율적 활용체계. 대구대학교 대학원 석사학위논문.

이성록 편역(1998). 자원봉사활동 관리조정론. 서울: 학문사.

이수영(1990). 전화상담 자원봉사자의 지속성 관리를 위한 기초조사 연구.

서울여자대학교 대학원 석사학위논문.

이윤경(1998). 가정봉사원의 활동기간에 영향을 미치는 요인에 관한 연구. 이화여자대학교 대학원 석사학위논문.

이윤로(1996). 자원봉사자 활용증진에 영향을 주는 요인에 관한 질적 조사 연구. 연세대학교 사회복지연구소.

이창호(1996). 자원봉사 진흥을 위한 정부의 역할. 한국자원봉사포럼.

이청자(1993). 자원활동 수요개발에 관한 연구. 서울: 한국여성개발원.

장묘욱(1992). 상담 자원봉사자의 자원봉사활동과 관련된 동기에 관한 연구. 이화여자대학교 대학원 석사학위논문.

정옥순(1984). 여성자원활동 인력 은행사업. 서울: 한국여성개발원. 12-16.

정무장관(제2)실(1993). 자원봉사활동의 실태: 조사보고서. 정책자료 93-4.

정병오(1997). 사회복지 조직의 효과적인 자원봉사 관리방안에 관한 연구. 연세대학교 대학원 석사학위논문.

조소라(1995). 사회복지기관 후원자들의 후원행위 지속에 영향을 미치는 요인에 관한 연구. 서울대학교 대학원 석사학위논문.

조항입(1995). 대전광역시 자원봉사자의 활용 실태와 수요 전망에 관한 조사연구. 한남대학교 지역개발대학원 석사학위논문.

조휘일(1990). 한국 사회복지분야의 자원봉사행동과 관련된 개인 및 조직 특성에 관한 연구. 숭실대학교 대학원 박사학위논문.

조휘일(1991). 한국 사회복지분야 자원봉사자의 지속도 및 참여강도에 관련된 요인들에 관한 연구. 인문사회과학논집 6권.

조휘일(1996). 자원봉사 프로그램 관리과정 개발에 관한 연구. 서울특별시 사회복지협의회편. 자원봉사 실무편람.

주영길(1986). 자원봉사자 활성화를 위한 실증적 연구. 연세대학교 행정대학원 석사학위논문.

표갑수(1994). 자원봉사활동의 실태와 활성화방안. 사회과학논총 13. 청주대 사회과학연구소.

한국보건사회연구원(2001). 보건복지포럼. 통권 제51호

한국사회복지협의회(1984). 사회복지와 볼런티어.

한국사회복지협의회(1987). 자원봉사활동 현황 및 활성화 방안.

한국사회복지협의회(1996). 자원봉사의 효율적 관리. 자원봉사 정보안내센터.

한국사회복지협의회(1997). 자원봉사의 기초. 자원봉사 프로그램 백과(2).

한국여성개발원(1987). 자원활동과 사회발전.

한국여성개발원(1993). 자원활동 수요 개발에 관한 연구.

한국여성개발원(1994). 전국 자원활동 중간지도자 교육자료.

한국여성개발원(1997). 여성통계연보.

한덕웅(1985). 조직행동의 동기이론. 서울: 법문사.

한충길(1994). 자원봉사 관리체계 개선방안. 서울: 한국보건사회연구원.

한혜경(1994). 자원봉사 관리체계 개선방안. 서울: 한국보건사회연구원 정
    책연구현대사회연구소(1985). 자원봉사활동실태 조사연구.

홍승혜(1995). 재가복지자원봉사자의 만족과 지속에 관한 연구. 이화여자
    대학교대학원 석사논문.

Adams, D. S.(1980). Elite and Lower Volunteers in a Voluntary
    Association: A Study of an American Red Cross Chapter.
    Journal of Voluntary Action Research. 9. 95-108.

Allen, N. J. (1987). The Role of Social and Organizational Factors in the
    Evaluation of Volunteer Programs. *Evaluation and Program
    Planning*. 10. 257-262.

Amato, P. R.(1985). An Investigation of Planned Helping Behavior.
    Journal of Research in Personality. 19. 232-252.

Amato, P. R.(1990). Personality and Social Network Involvement
    as Predictors of Helping Behavior in Everyday Life. *Social
    Psychology Quarterly*. 53. 31-43.

Auslander, G. K. & Litwin, H.(1988). Sociability and Patterns of

Participation: Implications for Social Service Policy. *Journal of Voluntary Action Research.* 17(2). 25-37.

Bar-Tal, D.(1984). American Study of Helping Behavior: What? Why? and Where? *International Perspectives on Positive Morality.* 5-27.

Becker, G. S.(1976). *Human Capital: A Theoretical and Empirical Analysis with Special Reference to Education. 2nd ed.* Chicago: University of Chicago Press.

Benson, P. & Sullivan, J.(1980). Intrapersonal Correlates of Nonspontaneous Helping Behavior. *Journal of Social Psychology.* 110. 87-95.

Berger, G.(1991). Factors Explaining Volunteering for Organizations in General and for Social Welfare Organizations in Particular. Unpublished Doctoral dissertion, Heller School of Social welfare, Brandeis University.

Betz, M. & Judkins, B.(1975). The Impact of Voluntary Association Characteristics on Selective Attraction and Socialization. *Sociological Quarterly.* 16(2). 228-240.

Black, B. & D'Nitto, D.(1994). Volunteers who Work with Survivors of Rape and Battering: Motivation, Acceptance, Satisfaction, Length of Service, and Gender. *Journal of Social Service Research.* 20(1-2). 73-97.

Booth, A. & Babchuk, N.(1969). Personal Influence Networks and Voluntary Association Affilication. *Sociological Inquiry.* 39. 179-188.

Brown, E. P. & Zahrly, J.(1989). Nonmonetary Rewards for Skilled Volunteer Labor: A Look at Crisis Intervention Volunteers. *Nonprofit and Voluntary Sector Quarterly.* 18. 167-177.

Brudney, J. L.(1992). Administrators of Volunteer Services: Their Needs for Training and Research. *Nonprofit Management and Leadership.* 2. 271-282.

Bryant, W. K.(1992). Human Capital, Time Use, and Other Family Behavior. *Journal of Family and Economic Issues.* 13.

Burke, D. M. & Hall, M.(1986). Personality Characteristics of Volunteers in a Companion for Children Program. *Psychological Reports.* 59.

Campbell, J. P., Dunnette, M. D., Lawler, E. E., and Weick, K. E.(1970). *Managerial Behavior, Perfirmance and Effectiveness.* New York: McGraw-Hill.

Callero, P. L., Howard, J. A., & Piliavin, J. A.(1987). Helping Behavior as Role Behavior: Disclosing Social Structure and History in the Analysis of Prosocial Action. *Social Psychology Quarterly.* 50. 247-256.

Caro, F. & Bass, S.(1995). Increasing Volunteering among Older People in S. A. Bass(Ed.), *Older and Active: How Americans Over 55 Are Contributing to Society.* 71-96. New Haven, CT: Yale University Press.

Chambre, S. M.(1984). Is Volunteering a Substitute for Role Loss in Old Age?. *The Gerontologist.* 24. 292-298.

Chambre, S. M.(1987). *Good Deeds in Old Age: Volunteering by the New Leisure Class.* Lexington, MA: Lexington Books.

Clarke, H. P., Kornberg, A., & Lee, J.(1975). Ontario Student Party Activists: A Note on Differential Participation in a Voluntary Organization. *Canadian Review of Sociology and Anthropology.* 12(2). 213-220.

Clary, E. G., & Snyder, M.(1991). A Functional Analysis of Altruism and Prosocial Behavior: The Case of Volunteerism. in M. Clark(ed.). *ProsocialBehavior.* 119-148. Newbury Park. CA: Sage

152

Publications.

Cnaan, R. A. & Goldberg-Glen, R. S.(1991). Measuring Motivation to Volunteer in Human Services. *Journal of Applied Behavioral Science.* 27(3). 269-284.

Cnaan, R. A., Kasternakis, A., & Wineburg, R. J.(1993). Religus People,Religuion, and Volunteerism in Human Services: Is There a Link? *Nonprofit and Voluntary Sector Quarterly.* 22(1). 33-51.

Cnaan, R. A. & Cascio, T. A.(1999). Performance and Commitment: Issues in Management of Volunteers in Human Service Organizations. *Journal of Social Service Research.* 24(3/4). 17-33.

Coleman, K. A.(1995). The Value of Productive Activities of Older Americans. in S. A. Bass(Ed.), *Older and Active: How Americans Over 55 Are Contributing to Society.* 169-203. New Haven, CT: Yale University Press.

Condre, S. J., Warner, W. K., & Gillman, D. C.(1976). Getting Blood from Collective Turips: Voiunteer Donation in Mass Blood Drives. *Journal of Applied Psychology.* 61(3). 409-430.

Curtis, J. E., Grabb, E., & Baer, D.(1992). Voluntary Association Membership in Fifteen Countries: A Comparative Analysis. *American SociologicalReview.* 57. 139-152.

Dailey, R. C.(1986). Understanding Organizational Commitment for Volunteers: Empirical and Managerial Implication. *Journal of Voluntary Action Research.* 15(1). 19-31.

Darvill, G.(1975). *Bargain or Barricade,* London, The Volunteer Centre.

Day, K. M. & Devlin, R. A.(1996). Volunteerism and Crowding Out: Canadian Econometric Evidence, *Canadian Journal of Economics.* 29. 37-53.

Dover, M. A.(1998). Multiple Theories, Multiple Volunteer Role

Relationships: Yet Another Typology of Theories of Volunteer Participation. *ARNOVA(Association for Research on Nonprofit Organizations and Voluntary Action) Conference Proceedings.*

Dovidio, J. R. & Clark, R. D.(1991). The Arousal: Cost-Reward Model and the Process of Intervenson. *Review of personality and social psychology. Vol. 12.* 86-118.

Edward, J. N. & White, R. P.(1980). Predictors of Social Participation: Apparent or Real? *Journal of Voluntary Research.* 9. 60-73.

Ehrenberg, R. G. & Smith, R. S.(1988). *Modern Labor Economics,* 3rd ed. London, Boston: Scott, Foresman and Company.

Ellis, S. J., & Noyes, K. H.(1990). *By the people.* San Francisco: Jossey-Bass.

Fischer, L. R., & Schaffer, K. B.(1993). *Older Volunteers: A Guide to Research and Practice.* Newbury Park, CA: Sage Publications.

Fisher, J. C., & Cole, K. M.(1993). *Leadership and Management of Volunteer Programs: A Guide for Volunteer Administrator.* San Francisco: Jossey-Bass.

Fitch, R. T.(1987). Characteristics and Motivations of College Students Volunteering for Community Service, *Journal of College Student Personnel.* 28. 424-431.

Flowers, V. S. & Hughes, C. L.(1973). Why Employees Stay. *Harvard Business Review.* 51(4).

Gallagher, S. K.(1994). Doing their Share: Comparing Patterns of Help Given by Older and Younger adults. *Journal of Marriage and the Family.* 56. 567-578.

Gergen, K. J.(1984). Theory of the Self: Impasse and Evolution. *Advances in Experimental Social Psychology.* 17. 49-115.

Gidron, B.(1978). Volunteer Work and its Retention and Turnover

Among Service Volunteer. *Social Work Administration.* 11(3).

Gidron, B.(1985). Predictors of Retention and Turnover Among Service Volunteer Workers, *Journal of Social Service Research,* Vol. 8(1). 1-16.

Gillespie, D. F. & King I, A.(1985). Demographic Understanding of Volunteerism. *Journal of Sociology and Social Welfare.* 12(4). 798-816.

Glock, C. T., Ringer, B. B., & Babbie, E. R.(1967). *To Comfort and To Challenge: A Dilemma of the Contemporary Church.* Berkeley: University of California Press.

Hayghe, H.(1991). Volunteers in the U.S: Who Donates the Time?. *Monthly Labor Review,* 114(2). 17-23.

Hersey, P. & Blanchard, H.(1969). *Management of Organizational Behavior.* Englewood Cliffs, N.J.: Prentice-Hall.

Herzog, A, Kahn, L., Morgan, N., Jackson, S., & Antonucci, C.(1989). Age Differences in Productive Activities. *Journal of Gerontology: Social ciences.* 44. 129-138.

Hodgkinson, V. A. & Weitzman, M. S.(1986). *Dimensions of the Independent Sector.* Washington, DC: Independent Sector.

Hodgkinson, V. A., Weitzman, M. S., & Kirsch, A. D.(1988). *From Belife to Commitment: the Activities and Finances of Religious Congregations in the United States.* Washington, DC: Independent Sector.

Hodgkinson, A., Weitzman, S., & Kirsch, D.(1990). From Commitment to Action: How Religious Involvement Affects Giving and Volunteering. in R. Wuthnow, V. Hodgkinson, and Associates (ed.). *Faith and philanthropy in America.* 93-114. San Francisco: Jossey-Bass.

Hodgkinson, V. A., Weitzman, M., Noga, S. M., & Gorski, H. A.(1992). *Giving and Volunteering in the United States*. Washington, DC: Independent Sector.

Hogan, D., Eggebeen, D., & Clogg, C.(1993). The Structure of Intergenerational Exchanges in American Families. *American Journal of Sociology. 98.* 1428-1458.

Holme, A. & Maizels, J.(1978). *Social Workers and Volunteers*. London. BASW. George Allen and Unwin.

Homans, G. C.(1961). *Social Behavior: Its Elementary Forms*. New York: Harcourt Brace Javancvich.

Homans, G. C.(1975). *Social Behavior: Its Elementary Forms*. Revised Edition. New York: Harcourt Brace Javanovich.

Hougland, J. G., & Shepard, J. M.(1985). Volunteerism and the Managers: The Impacts of Structural Pressure and Personal Interest on Community Participation. *Journal of Voluntary Action Research.* 14(2-3). 63-78.

Ilsley, P. J.(1990). *Enhancing the Volunteer Experience: New Insights on Strengthening Volunteer Participation, Learning and Commitment*. San Francisco: Jossey Bass.

Ilsley, P. J. & Niemi, J. A.(1981). *Recruiting and Training Volunteers*. New York. McGraw Hill.

Jackson, E. F., Bachmeier, M. D., Wood, J. R., & Craft, E. A.(1995). Volunteering and Charitable Giving: Do Religious and Associational Ties Promote Helping Behavior?. *Nonprofit and Voluntary Sector Quarterly.* 24. 59-78.

Jones, A. P, and James, L. R.(1979). Psychological Climate: Dimensions and Relationships of Individual and Aggregated Wrok Environments. *Organizational Behavior and Human Performance.*

23. 205-223.

Kee-Lee, Chou.(1998). Effects of Age, Gender, and Paticipation in Volunteer Activities on the Altruistic Behavior of Chinese Adolescents. *The Journal of Genetic Psychology.* 159(2). 195-201.

Kim, Soo-Yoen and Hong, Gong-Soog(1998). *Volunteer Participation and Time Commitment by Older Americans.*

Klandermans, P. G.(1984). Mobilization and Participation in Trade Union Action: an Expectancy Value Approach. *Journal of Occupational Psychology.* 57. 107-120.

Knoke, D. & Wood. J. R.(1981). *Organized for Action: Commitment in Voluntary Associations,* New Brunswick, NJ: Rutgers University Press.

Knoke, D. and Thomson, R.(1977). Voluntary Association Membership Trends and the Family Life Cycle. *Social Forces.* 56(1). 48-65.

LaCour, J. A.(1977). Organizational Structure: Implications for Volunteer Program Outcome. *Journal of Nonprofit and Voluntary Sector Quarterly.* 6(1-2).

Lafer, B.(1991). The Attrition of Hospice Volunteer. *Omega: Journal of Death and Dying.* 23(3). 161-168.

Lammers, J. C.(1991). Attitudes, Motives, and Demographic Predictors of Volunteer Commitment and Service Duration. *Journal of Social Service Research.* 14. 125-140.

Latting, J. K.(1990) Motivational Differences Between Black and White Volunteers. *Nonprofit and Voluntary Sector Quarterly.* 19(2). 121-136.

Lemon, M., Paisleys, B. J., and Jacobson, P. E.(1972). Dominant Statuses and Involvement in Formal Voluntary Associations. *Journal of Voluntary Action Research,* 1(2). 30-42.

Litwin, G. H. and Stringer J. R.(1968). *Motivation and Organization Climate*. Boston: Harvard University Press.

Lopez, D. and Getzel, G. S.(1987)., Strategies for Volunteers Caring for Persons with AIDS. *Social Casework*. 67.

March, J. G. and Simon, H. A.(1958). Organizations. New York: Wiley.

Markwood, S. R.(1994). Volunteers in Local Government: Partners in Service. *Public Management*. 76. 6-9.

Maimon, Z. and Ronen, S.(1978). Measures of Job Facets Satisfaction as Predictions of the Tendency to Leave or the Tendency to Stay with an Organization. *Human. Relations*. 31(12). 1019-30.

McGee, L. F.(1988). Keeping up the Good Work. *Personnel Administration*. 33(6). 68-72.

Michael, H.(1979). *Effective Management*. St. Paul: Minesota: West Publishing Co. 236-237.

Miller, L. E. (1985). Understanding the Motivation of Volunteers: An Examinzation of Personality Difference and Characteristics of Volunteers' Paid Employment. *Journal of Voluntary Action Research*. 14(2-3). 112-122.

Milofsky, C.(1988). Structure and Process in Community Self-help Organizations. in Carl Milofsky(ed.). *Community Organizations*. New York: Oxford University Press.

Moore, L. F. (1985). *Motivating Volunteers*, Vancouver. B.C.: Vancouver Volunteer Center.

Morris, J. H. and Synder, R. A.(1983). Organization Performance and Voluntary Union Membership among Human Service Organizations. *Journal of Occupation Psychology*. 56. 183-190.

Morrow-Howell, N. and Mui, A.(1989). Elderly Volunteers: Reasons for Initiating and Terminating Service. *Journal of Gerontological*

Social Work. 13(3/4).

Muchinsky, P. M. and Tuttle, M. L.(1979). Employee Turnover: an Empirical and Methodological Assessment. *Journal of Vocational Behavior.* 14(1). 43-77.

Nelson, L. D. and Dyners, R. R.(1976). The Impact of Devotionalism and Attendance on Ordinary and Emergency Helping Behavior. *Journal for the Scientific Study of Religion.* 15. 47-59.

Nassar-McMillan, S. C. (1999). A Work Behavior Analysis of Volunteers in Social Service Agencies. *Journal of Social Service Research,* Vol. 24(3/4). 39-65.

Oda, N.(1991). Motives of Volunteer Works: Self Oriented Motive. *Tohkou Psychological Folia.* 50. 55-61.

Omoto, A. M. and Snyder, M.(1993). AIDS Volunteers and Their Motivations: Theoretical Issues and Practical Concerns. *Nonprofit Managementy and Leadership.* 4. 157-176.

Opp. K. D.(1986). Soft Incentives and Collective Action: Participation in the Antinuclear Movement. *British Journal of Political Science.* 16. 87-112.

Orr, S. Y.(1982). Volunteers as Advocates. *Journal of Nonprofit and Voluntary Sector Quarterly.* 11. 2-3.

Palisi, B. J. and Korn, B.(1989). National Trends in Voluntary Association Membership: 1974-1984. *Nonprofit and Voluntary Sector Quarterly.* 18(2).

Paradis, L. F. and Usui, W. M.(1987). Hospice Volunteers: The Impact of Personality Characteristices on Retention and Job performance. *The Hospice Journal.* 3. 3-30.

Patricia C. D. (1995). Volunteer Management. National Association of Social Workers(NASW) (ed.), *Encyclopedia of Social Work.*

Washington D.C.

Pearce, J. L.(1983). Participation in Voluntary Associations: How membership in a Formal Organization Changes the Rewards of Participation, *International Perspectives on Voluntary Action Research*. 148-156.

Pearce, J. L.(1993). *Volunteers: the Organization Behavior of Unpaid Workers*. New York: Routledge.

Perkins, K. B.(1989). Volunteer Firefighters in the United States: A Descriptive Study. *Nonprofit and Voluntary Sector Quarterly*. 18(3). 269-277.

Pierucci, J. and Noel, R. C.(1995). Duration of Participation of Correctional Volunteers as a Function of Personal and Situational Variables. *Journal of Community Psychology*. 8. 245-250.

Porter, L. W. and Steers, R. M.(1973). Organizational, Work and Personal Factors in Employee Turnover and Absenteeism. *Psychological Bulletin*. 80(2). 151-176.

Reddy, R. D.(1980). Individual Philanthropy and Giving Behavior. *Participation in Social and Political Activities*, 370-399. San Francisco: Jossey-Bass.

Rohs, F. R.(1986). Social Background, Personality, and Attitudinal Factors Influencing the Decision to Volunteer and Level of Involvement Among Adult 4-H Leaders. *Journal of Voluntary Action Research*. 15(1). 87-99.

Romero, C. J.(1986). *The Economics of Volunteerism: A Review*. in Committee on an Aging Society(ed), Productive Roles in An Older Society. 23-50. Washington, DC: National Academy Press.

Ross, J. C.(1972). Work and Formal Voluntary Organization: A Neglected Research Area. *Journal of Nonprofit and Voluntary*

160

Sector Quarterly. 1(1). 1972.

Routh, R. A.(1972). *The Volunteer and Community Agencies.* Spring Field: Charles C. Thomas Publisher.

Schafer, R. B.(1979). Equity in a Relationship Between Individuals and a Fraternal Organization. *Journal of Voluntary Action Research,* 8(3-4), 12-19.

Schram, V. R., and Dunsing, M. M.(1981). Influences on Married Women's Volunteer Work Paticipation. *Journal of Consumer Research.* 7. 372-379.

Schiff, J.(1990). *Charitable Giving and Government Policy: An Economic Analysis.* Westport, CT: Greenwood Press.

Schindler-Rainmann, E. and Lippitt, R.(1975). *The Volunteer Community.* Virginia: NTL Learning Resources Corporation.

Schindler-Rainmann, E., and Lippitt, R.(1977). *The Volunteer Community.* La Jolla, CA. University Associates.

Serow, R. C.(1991). Students and Voluntarism: Looking into the Motives of Community Service Participants. *American Educational Research Journal.* 28. 543-556.

Smith, D. H.(1981). Altruism, Volunteers and Volunteerism. *Journal of Voluntary Action Research.* 10. 21-36.

Smith, D. H.(1983). Synanthrometrics: On Progress in the Development of a General Theory of Voluntary Action and Citizen Participation. in D. H. Smith & J. Van Til(eds). *International Perspectives on Voluntary Action Research,* 80-94. Washington, DC: University Press of America.

Smith, D. H.(1993). Public Benefit and Member Benefit Nonprofit Voluntary Groups. *Nonprofit and Voluntary Sector Quarterly.* 22(1). 53-68.

Smith, D. H.(1994). Determinants cf Voluntary Association Participation and Volunteering: A Literature Review. *Nonprofit and voluntary Sector Quarterly.* 23(3).

Smithson, M., Amato, P. R., and Pearce, P.(1983). *Dimensions of HelpingBehavior.* New York: Pergamon.

Spitz, R. T. and Mackinnon, J. R.(1993). Predicting Success in Volunteer Community Service. *Psychological Reports.* 73. 815-818.

Stevens, E. S.(1991). Toward Satisfaction and Retention of Senior Volunteers. *Journal of Gerontological Social Work.* 16(3-4). 33-41.

Stubblefield, H. W. and Miles, L.(1986). Administration of Volunteer Programs as a Career: What Role for Higher Education? *Journal of Voluntary Action Research.* 15(4). 4-12.

Stump, R. W.(1986). Regional Variations in the Determinants of Religious Participation. *Review of Religious Research.* 27(3). 208-225.

Sundeen, R. A., and Siegel, G. B.(1987). The Community and Departmental Contexts of Volunteer Use by Police. *Journal of voluntary Action Research.* 16(3). 43-53.

Sundeen, R. A.(1992). Differences in Personal Goals and Attitudes Among Volunteers. *Nonprofit and Voluntary Sector Quarterly.* 21(3). 271-292.

Vaillancourt, F. and Payette, M.(1986). The Supply of Volunteer Work: The Case of Canada. *Journal of Voluntary Action Research.* 15(4). 45-56.

Ward, R. A.(1979). The Meaning of Voluntary Association Participation to Older People. *Journal of Gerontology.* 34.

Watson, E. A.(1993). How Effective is Your Training of Volunteers? *Journal of Volunteer Administration.* 12(1-2).

Watts, A. D. and Edwards, P. K.(1983). Recruiting and Retaining Human Service Volunteers. *Journal of Voluntary Action Research*. 12(3). 9-22.

Wilson, J.(1976). *The Effective Management of Volunteer Program*. Boulder, Colorado. Volunteer Management Associate.

Wilson, J. and Janoski, T.(1995). The Contribution of Religion to Volunteer Work. *Sociology of Religion*. 56(2).

Wilson, J. and Musick, M.(1997). Who Cares? Toward an Integrated Theory of Volunteer Work. *American Sociological Review*. 62. 694-713.

Wilson, J. and Musick, M.(1998). The Contribution of Social Resources to Volunteering. *Social Science Quarterly*. 79(4).

Wishka, P. C. and Jones, I.(1988). Special Skills and Challenges in Supervising Volunteers. *Clinical Supervisor*. 5(4).

Wood, J. R. and Hougland, G. J.(1990). The Role of Religion in Philanthropy. *Critical Issues in American Philanthropy: Strengthening Theory and Practice*. 99-132. San Francisco: Jossey-Bass.

Wuthnow, R.(1991). *Acts of Compassion: Caring for Others and Helping Ourselves*. Princeton, NJ: Princeton University Press.

Zishka, P. C. and Jones, I.(1988). Special Skills and Challenges in Supervising Volunteers. *Clinical Supervisor*. 5(4).

Zweigenhaft, R. L. and Riddick, A.(1996). The Motivations and Effectiveness of Hospital Volunteers. *The Journal of Social Psychology*. 136(1).

〈부록 1〉 조사설문지

자원봉사활동여건 개선방안 모색에 관한 설문조사

안녕하십니까?

저는 마산대학 노인복지과 김숙경 교수 입니다. 그간 저는 자원봉사활동에 지속적인 연구관심을 지녀왔는데, 금번에는 "가정봉사원 양성훈련기관"의 협조 아래 "자원봉사활동여건에 관한 설문조사"를 수행하게 되었습니다.

급격한 산업화 과정을 겪은 이후 우리사회게서도 많은 사회문제들이 발생되어 **자원봉사활동에의 사회적 요청은 급격하게 증대되고 있지만, 자원봉사활동 참여율은 극히 미흡한 실정**입니다.

여기에는 무엇보다도 **원활하게 자원봉사활동을 수행하기 어려운 여건들이 그 원인**으로 판단됩니다. 따라서 자원봉사 활성화와 이를 통한 지역복지 수준의 제고를 위해서는 자원봉사활동에의 제반 여건의 개선이 절실하게 요청되고 있습니다.

금번 설문조사는 자원봉사활동에의 관련 여건들의 개선방안을 적극 모색하고자 하는 취지하에 수행된 것으로, 이와 같은 **조사 취지를 이해하시고 설문조사에 적극 협조하여 주시길 부탁드리겠습니다. 귀하의 응답은 지역사회 내 봉사활동 여건 개선에 소중한 자료가 될 것입니다.** 설문응답 내용은 관련 통계법에 의거 철저히 비밀보장이 이루어지니, 적극적인 협조를 간절히 부탁드립니다.

2000. 12.
마산대학 노인복지과 교수 김 숙 경

* 응답하신 설문지는 빠른 시일안에 우송하여 주시길 부탁드립니다.
* 본 조사와 관련하여 의문사항이 있으시면, 아래 연락처로 연락주시길 바랍니다.
 (주소: 마산시 회원구 마산대학 노인복지과 연구실 전화: 055-230-1357)

> 다음은 귀하의 **자원봉사활동**에 관한 일반적인 질문들입니다. (   )에 해당 사항을 적
> 어 주시거나, 해당 번호에 V 표시를 하여 주시기 바랍니다.

1. 귀하는 현재 복지시설(복지기관)에서 자원봉사활동을 하고 계십니까?

   1) 하고 있음

   2) 하지 않음 (☞ **귀하께서는 동봉하여 드린 "자원봉사활동 경
      력자용 설문지"에 응답하여 주시길 바랍니다**)

2. 귀하는 **현재 어떤 사회복지시설(기관)**에서 자원봉사활동을 수행
   하고 계십니까?

   (시설명:)

3. 귀하는 **위 기관**에서 언제부터 자원봉사활동을 시작하셨습니까?

   (_____ 년도 _____ 월 부터)

4. 귀하는 어떤 경로로 **위 기관**에서 자원봉사활동을 시작하게 되었습니까?

   1) 자발적으로 찾아가서

   2) 주변 사람들의 권유로

   3) 단체활동 혹은 조직활동의 일환으로

   4) 기 타 (_____)

5. 귀하는 자원봉사활동을 일주일 혹은 한달 평균 몇 회 정도 하십니까?

   (**일주일** 평균 자원봉사활동 회수: _____ 회)

   혹은 (**한달** 평균 자원봉사활동 회수: _____ 회)

6. 귀하는 1회 평균 몇 시간 정도 자원봉사활동을 하시고 계십니까?

 (1회 평균 자원봉사활동 시간: _____ 시간)

다음은 귀하가 <u>**현재 자원봉사활동을 하고 있는 기관**</u>에 관한 질문들입니다.
(   )에 해당 사항을 기재하여 주시거나, 해당 번호에 ∨ 표시를 하여 주시기 바랍니다.

---

7. 귀하의 댁에서 자원봉사기관까지 이동하는 데 소요되는 시간은 대략 얼마나 됩니까?

 (이동에 소요되는 시간: _____ 분)

8. 귀하가 **현재 자원봉사활동을 하는 복지시설(기관)**에의 종사 직원 수는 몇 명이나 됩니까?

 (기관장 포함 직원 수: 약 _____ 명)

9. 귀하가 **현재 자원봉사활동을 하는 복지시설(기관)**은 설립기간이 몇 년 정도 되었습니까?

 (시설의 설립기간: 약 _____년)

10. 귀하가 **현재 자원봉사활동을 하고 있는 복지시설(기관)**은 지역사회에 어느 정도 알려져 있습니까?

   1) 매우 잘 알려져 있다   2) 알려져 있다
   3) 보통이다   4) 알려져 있지 않다
   5) 전혀 알려져 있지 않다

11. 귀하는 **현 자원봉사기관으로부터** 자원봉사활동과 관련된 교육을 받으신 적이 있으십니까?

    1) 있다   2) 없다 (☞ 12번 문항으로)

11-1. 자원봉사활동 관련 교육을 받으셨다면, 지금까지 총 몇 회나 받으셨습니까?
     (총 교육회수: _____ 회)

11-2. 1회 교육기간은 평균 얼마나 되었습니까?
     (평균 교육기간: _____ 일간 _____ 시간씩)

11-3. 교육내용은 자원봉사활동을 하는 데에 어느 정도의 도움이 되었습니까?
    1) 매우 도움이 되었다   2) 도움이 되는 편이었다
    3) 그저 그렇다   4) 도움이 되지 못한 편이었다
    5) 전혀 도움이 되지 못하였다

---

12. 귀하께서는 현재 자원봉사기관에서 어떤 활동들을 주로 담당하고 계십니까? 구체적으로 그 내용을 적어주십시오.

    (자원봉사활동의 내용:)

12-1. 현재 귀하가 수행하고 있는 자원봉사활동 업무는 귀하의 적성, 능력, 취향에 잘 맞는 편입니까?
    1) 매우 잘 맞는다   2) 대체로 잘 맞는다
    3) 보통이다   4) 맞지 않는 편이다
    5) 전혀 맞지 않는다

12-2. 기관에서는 귀하가 희망하는 업무를 파악하여 업무배치를 하였습니까?
    1) 그렇다   2) 그렇지 않다

12-3. 기관에서는 **귀하의 적성, 능력, 취향을 파악하여** 업무배치를 하였습니까?
    1) 그렇다   2) 그렇지 않다

12-4. 자원봉사활동에 할애하는 시간은 귀하에게 개인적으로 어느 정도 부담이 됩니까?
    1) 전혀 부담되지 않는다   2) 부담되지 않는다
    3) 보통이다   4) 대체로 부담되는 편이다
    5) 매우 부담된다

12-5. 귀하는 현재 수행하는 자원봉사활동 업무에 만족하십니까?
    1) 매우 만족한다   2) 대체로 만족한다
    3) 그저 그렇다   4) 대체로 불만족한다
    5) 매우 불만족한다

13. 자원봉사기관에는 자원봉사자들의 자원봉사활동을 지도·관리하는 전담 직원이 있습니까?

       1) 있다   2) 없다 (☞ **14번 문항으로**)

13-1. 전담직원이 있다면, 이 직원과의 업무 수행상 관계는 어떠한 편입니까?
    1) 매우 만족스럽다   2) 대체로 만족하는 편이다
    3) 그저 그렇다   4) 불만족스런 편이다
    5) 매우 불만족스럽다

13-2. 전담직원과의 정서적(인간적) 관계는 어떠한 편입니까?
    1) 매우 만족스럽다   2) 대체로 만족하는 편이다
    3) 그저 그렇다   4) 불만족스런 편이다
    5) 매우 불만족스럽다

13-3. 자원봉사활동 관리 전담직원들은 구하의 자원봉사활동수행과 관련하여 업무지도 및 상담 등을 자주 하여 주는 편입니까?
    1) 매우 자주 하여 준다   2) 자주 하는 편이다
    3) 보통이다   4) 하지 않는 편이다
    5) 전혀 하여 주지 않는다

13-4. 귀하는 전담직원들의 업무지도 및 상담에 만족하십니까?
    1) 매우 만족한다   2) 대체로 만족하는 편이다
    3) 그저 그렇다   4) 대체로 불만족하는 편이다
    5) 매우 불만족한다

---

14. 귀하께서는 자원봉사활동과 관련하여 한달 평균 어느 정도 경비를 소요하십니까? (예를 들면 차비, 식비 등의 자원봉사활동 관련 소요 경비 일체)

    (한달 평균: _____ 원)

15. 자원봉사기관에서는 자원봉사자들에게 자원봉사활동과 관련하여 현금 혹은 현물을 지원하여 주고 있습니까?

(〈참조〉 현금지원: 임금, 수당, 차비, 식대 등 / 현물지원: 식사 제공, 차량지원 등)

　　1) 지원하여 준다　　　2) 지원하여 주지 않는다 (☞ 15번 문항으로)

15-1. 귀하는 자원봉사기관으로부터 자원봉사활동과 관련하여 **현금지원**을 받고 있습니까?
　　　1) 지원받고 있다　(한달 평균: _____ 원)
　　　2) 지원받고 있지 않다.

15-2. 귀하는 자원봉사기관으로부터 자원봉사활동과 관련하여 현물지원을 받고 있습니까?
　　　1) 지원받고 있다　(한달 평균: 대략 _____ 원에 상당)
　　　2) 지원받고 있지 않다.

15-3. 귀하는 자원봉사기관에서의 이와 같은 현금 및 현물지원에 만족하시는 편입니까?
　　　1) 매우 만족한다　　　　　　　2) 대체로 만족하는 편이다
　　　3) 그저 그렇다　　　　　　　　4) 대체로 불만족하는 편이다
　　　5) 매우 불만족한다

---

16. 자원봉사활동 기관에서는 자원봉사자들을 격려하기 위한 배려조치들이 있습니까?

(예: 야유회, 모범 자원봉사자 표창, 취미교실 등의 초대, 사례집 발간, 증명서 발급 등)

　　　1) 있다　　　　　　2) 없다 (☞ 17번 문항으로)

16-1. 있다면, 어떤 배려조치들이 있습니까? 있는 대로 모두 적어 주십시오.
　　　(_____)

16-2. 귀하는 자원봉사활동 기관의 이와 같은 배려들에 만족하십니까?
　　　1) 매우 만족한다　　　　　　　2) 대체로 만족하는 편이다
　　　3) 그저 그렇다　　　　　　　　4) 대체로 불만족하는 편이다
　　　5) 매우 불만족한다

17. 귀하는 **자원봉사기관의 전반적인 조직 분위기**에 만족하시는 편입니까?

    1) 매우 만족한다   2) 대체로 만족하는 편이다

    3) 그저 그렇다   4) 대체로 불만족하는 편이다

    5) 매우 불만족하다

18. 귀하는 **자원봉사기관에서의 자원봉사자에 대한 전반적인 처우**에 만족하십니까?

    1) 매우 만족한다   2) 대체로 만족하는 편이다

    3) 그저 그렇다   4) 대체로 불만족하는 편이다

    5) 매우 불만족하다

19. 귀하는 자원봉사활동 기관의 **조직성원이라는 소속감**을 어느 정도 느끼십니까?

    1) 매우 높은 소속감을 느낀다   2) 대체로 소속감을 느끼는 편이다

    3) 그저 그렇다   4) 별로 소속감을 갖지 못하고 있다

    5) 전혀 소속감을 갖지 못하고 있다

20. 귀하께서는 자원봉사활동 기관 종사 **직원들과의 업무적인 관계**는 어떤 편입니까?

    1) 매우 만족한다   2) 대체로 만족하는 편이다

    3) 그저 그렇다   4) 대체로 불만족하는 편이다

    5) 매우 불만족스럽다

21. 귀하와 자원봉사활동 기관 종사 **직원들과 정서적(인간적) 관계**는 어떤 편입니까?

    1) 매우 만족한다   2) 대체로 만족하는 편이다

    3) 그저 그렇다   4) 대체로 불만족하는 편이다

5) 매우 불만족스럽다

22. 귀하는 혹시 **기관 직원들과 갈등을 경험한** 적이 있으십니까?

1) 있다   2) 없다

23. 귀하는 자원봉사자들을 대하는 **기관직원들의 태도에** 만족하십니까?

1) 매우 만족한다   2) 대체로 만족하는 편이다

3) 그저 그렇다   4) 대체로 불만족하는 편이다

5) 매우 불만족하다

24. 자원봉사기관에 귀하 이외 자원봉사활동을 수행하는 **자원봉사자들은 몇 명**이나 됩니까?

1) 1명 - 10명   2) 11명 - 20명   3) 21명 - 30명

4) 31명 - 40명   5) 41명 - 50명   6) 51명이상

24-1. 귀하와 **자원봉사자들과의 친분관계는** 어느 정도 됩니까?
　　1) 매우 친한 편이다　　　　　2) 대체로 친한 편이다
　　3) 그저 그렇다　　　　　　　4) 친하지 않은 편이다
　　5) 전혀 친하지 않다

24-2. 자원봉사자들 중에는 **귀하와 예전부터 친분이** 있었던 분이 계십니까?
　　1) 있다　　　　　　　2) 없다

24-3. 자원봉사기관에는 **귀하와 친밀한 자원봉사자가** 있으십니까?
　　1) 있다　　　　　　　2) 없다

24-4. 자원봉사기관에는 **자원봉사자들의 친목모임이** 있습니까?
　　1) 있다　　　　　　　2) 없다 (☞ 26-6번 문항으로)

24-5. 귀하는 **이 모임에 어느 정도 참여**하십니까?
　　1) 매우 적극적으로 참여한다　　2) 대체로 참여하는 편이다
　　3) 보통이다　　　　　　　　　4) 대체로 참여하지 않는 편이다
　　5) 전혀 참여하지 않는다

24-6. 귀하는 기관에 있는 **자원봉사자들과의 관계에** 만족하십니까?
　　1) 매우 만족한다　　　　　　2) 대체로 만족하는 편이다
　　3) 그저 그렇다　　　　　　　4) 대체로 불만족하는 편이다
　　5) 매우 불만족하다

25. 귀하께서는 자원봉사기관 **서비스 대상자들과의 업무상 관계**는
   어떠한 편입니까?

    1) 매우 만족한다   2) 대체로 만족하는 편이다

    3) 그저 그렇다   4) 대체로 불만족하는 편이다

    5) 매우 불만족하다

26. 자원봉사기관 **서비스 대상자들과의 정서적(인간적) 관계**는 어
   떠한 편입니까?

    1) 매우 만족한다   2) 대체로 만족하는 편이다

    3) 그저 그렇다   4) 대체로 불만족하는 편이다

    5) 매우 불만족하다

27. 자원봉사기관 **서비스 대상자들이 자원봉사자를 대하는 태도**는
   어떤 편입니까?

    1) 매우 우호적이다   2) 대체로 우호적인 편이다

    3) 보통이다   4) 대체로 우호적이지 못한 편이다

    5) 전혀 우호적이지 못하다

28. 귀하의 **가족들**은 귀하의 자원봉사활동을 어느 정도 지지하는 편입니까?

    1) 적극적으로 지지하여 준다 2) 대체적으로 지지하여 주는 편이다

    3) 보통이다   4) 지지하여 주지 않는 편이다

    5) 전혀 지지하여 주지 않는다

29. 귀하의 **주변 분들**(친척 및 친지, 이웃, 친구 등)은 귀하가 자
   원봉사활동을 하는 것을 **어느 정도 알고 있습니까?**

    1) 널리 알려져 있다   2) 어느 정도 알려진 편이다

    3) 대체로 모르는 편이다 4) 전혀 모른다 (☞ **30번 문항**으로)

29-1. 주변 분들은 **귀하의 자원봉사활동에 대해 어떤 태도**를 지니고 있습니까?

    1) 적극적으로 격려하여 준다 2) 대체로 격려하여 주는 편이다

    3) 그저 그렇다   4) 대체로 부정적인 편이다

    5) 매우 부정적이다

다음은 귀하의 **개인적인 사항 및 자원봉사활동**에 관한 질문들입니다. (　)에 해당 사항을 기재하여 주시거나, 해당 번호에 V 표시를 하여 주시기 바랍니다.

---

30. 귀하께서는 앞으로도 **자원봉사활동을 계속하실 의향**이 있습니까?

    1) 적극적으로 지속할 의향이 있다 2) 대체로 지속할 의향이 있다

    3) 그저 그렇다   4) 대체로 지속할 의향이 없다

    5) 빠른 시일안에 그만 두고 싶다

31. 귀하의 성별은 어떻게 되십니까?

    1) 남성   2) 여성

32. 귀하의 현재 연령은 어떻게 되십니까?   (만 _____ 세)

33. 귀하의 학력은 어떻게 되십니까?

    (중퇴 혹은 재학시에는 해당번호 옆에 학년을 적어 주십시요)

    1) 국졸   2) 중졸   3) 고졸   4) 전문대졸

    5) 대졸   6) 대학원 이상

34. 귀하가 자원봉사활동을 하게 된 주된 이유는 무엇입니까?

    1) 어려운 이웃을 돕기 위해 2) 종교적인 활동 차원에서

　　　3) 사회활동을 하고 싶어　　　　4) 관련 업무들을 배우고 싶어

　　　5) 지역사회에 기여하고 싶어

　　　6) 기타 (＿＿＿＿＿＿＿＿)

35. 귀하는 과거에도 사회복지시설(기관) 등에서 자원봉사활동을 하
　　신 경험이 있으십니까?

　　　　1) 경험이 있다　　　2) 경험이 없다.

36. 귀하께서는 종교가 있습니까?

　　　　1) 있다　　　　　　2) 없다(☞ 37번 문항으로)

```
36-1. 귀하께서는 어떤 종교를 믿고 계십니까?　(　　　　　)

36-2. 귀하께서는 정례적으로 종교행사에 참여하고 계십니까?
　　　1) 적극적으로 참여한다　2) 보통이다
　　　3) 거의 참여하지 못한다
```

37. 귀하의 혼인상태는 어떻게 되십니까?

　　　　1) 기혼　　　　　　2) 미혼(☞ 38번 문항으로)

```
37-1. 귀하의 가정에는 7세 미만의 자녀가 있습니까?
　　　1) 있다　　　2) 없다

37-2. 귀하의 가정에는 가사 일(집안 일)을 분담하여 주는 분이 있으십니까?
　　　(예를 들면, 친정 어머니, 시어머니, 여동생, 시누이 등)
　　　1) 있다　　　2) 없다
```

38. 귀하는 현재 직장이 있습니까?

　1) 있다 (☞ 39번 문항으로)　　　2) 없다

38-1. 귀하는 과거에 직장생활을 하신 경험이 있으십니까?
　　　1) 있다 (☞ 39번 문항으로)　　　2) 없다

38-2. 귀하는 직장생활 이외 기타 사회활동에 적극 참여한 경험이 있습니까?
　　　1) 있다　　　　　　　　　2) 없다

---

39. 지금까지의 귀하의 직장생활 총 경력은 얼마나 되십니까?
　　(직장생활 총 경력: _____ 년)

40. 귀하의 배우자(미혼일 경우에는 보호자)의 직업은 어디에 해당됩니까?
　　1) 단순노무직　2) 생산직　　3) 기술직　　4) 중간관리직
　　5) 사무직　　　6) 전문직 및 전문기술직　7) 고위 경영자

41. 귀하의 배우자(미혼일 경우에는 보호자)의 월 평균 소득은 얼마나 됩니까? (월 평균 소득: _____ 만원)

42. 귀 가구의 **한달 평균 총 수입**은 어느 정도나 됩니까?
　　(참조: 가구원들의 근로소득, 임대소득, 금융소득 등을 모두 포함한 총 소득임)
　　　(월 평균 가구 총 수입: _____ 만원)

귀중한 시간을 내어 설문에 응답해 주셔서, 진심으로 감사드립니다.
응답이 끝난 설문지는 회송용 봉투에 넣어 빠른 시일 안에 도착할 수 있도록 가까운 우체통에 넣어 주시길 부탁드립니다.
감사합니다.

· 저자 ·

김숙경   · 약 력 ·

　　　　원광대학교 사회복지학과 및 동대학원 사회복지학과 졸업
　　　　대구대학교 대학원 사회복지학 박사
　　　　삼동청소년상담실장 역임
　　　　부송종합사회복지관, 원광종합사회복지관 복지부장 역임
　　　　삼동노인복지관 가정봉사원파견센터 소장 역임
　　　　고성군 치매전문요양원 및 노인요양 원장 역임
　　　　마산대학 사회복지과 교수 역임
　　　　현재 초당대학교 사회복지학과 교수

　　　　· 주요논저 ·

　　　　「자원봉사자 개인 및 조직특성에 따른 봉사활동의 지속 요인」
　　　　「농촌노인의 삶의 질 향상에 영향을 미치는 요인」
　　　　「공동생활가정에서의 아동에 대한 보호실태 및 운영사례분석」
　　　　「대학생의 대인관계 향상을 위한 인지행동집단프로그램 개입의 효과」
　　　　「재가노인 자원봉사활동 지속방안」
　　　　　외 다수.

사회복지 자원봉사자의 지속적 활동과 그 요인

· 초판 인쇄	2006년 7월 30일
· 초판 발행	2006년 7월 30일
· 지 은 이	김숙경
· 펴 낸 이	채종준
· 펴 낸 곳	한국학술정보㈜

　　　　경기도 파주시 교하읍 문발리 526-2
　　　　파주출판문화정보산업단지
　　　　전화　031) 908-3181(대표)·팩스　031) 908-3189
　　　　홈페이지　http://www.kstudy.com
　　　　e-mail(e-Book사업부)　ebook@kstudy.com

· 등 록	제일산-115호(2000. 6. 19)
· 가 격	21,000원

ISBN　89-534-5472-7 93330 (Paper Book)
　　　　89-534-5473-5 98330 (e-Book)